巴渝國華

云阳文物精粹

云阳博物馆 编

巴蜀书社

图书在版编目（CIP）数据

胸忍风华：云阳文物精粹 / 温小华，主编；
云阳博物馆编. -- 成都：巴蜀书社，2020.9
ISBN 978-7-5531-1324-1

Ⅰ. ①胸… Ⅱ. ①温… ②云… Ⅲ.
①文物—介绍—云阳县 Ⅳ. ①K872.719.4

中国版本图书馆 CIP 数据核字（2020）第 104634 号

朐忍风华——云阳文物精粹

QURENFENGHUA——YUNYANG WENWU JINGCUI

云阳博物馆 编

责任编辑	吴焕姣
装帧设计	胡靳一 唐 鹏
出版发行	巴蜀书社
印　　刷	成都市金雅迪彩色印刷有限公司
成品尺寸	230mm×305mm
印　　张	29
字　　数	300 千
版　　次	2020 年 9 月第 1 版
印　　次	2020 年 9 月第 1 次印刷
书　　号	ISBN 978-7-5531-1324-1
定　　价	499.00 元

《朐忍风华——云阳文物精粹》
编纂委员会

主编

温小华

副主编

袁 泉 陈 昀 李映福 胡翔云

编委

孙紫峰 夏 佑 叶秀英

沈 鹏 赵雄伟 赵 卓

Preface

前言

云阳县地处重庆市东北部的长江两岸，三峡库区腹心，东迎奉节县，西界万州区，北与巫溪县、开州区相连，南与湖北省利川市相邻，是三峡库区生态经济区沿江走廊承东启西、南引北联的重要枢纽。县城西距重庆主城区高速路里程300公里，东距湖北宜昌市水路里程290公里。县境南北长99.5公里，东西宽70.2公里，幅员3649平方公里。历史上，云阳是三峡地区最早设置的县级行政机构之一，建县历史可上溯至2300多年前的东周时期。东周赧王元年（公元前314年），秦灭巴后，在原巴地设巴郡。巴郡所辖十一县（另有十县之说）之一的朐忍县就是云阳建县之始。

云阳蕴藏有十分丰富的文物资源，是三峡库区的文物大县。自20世纪90年代三峡大坝工程淹没及迁建区抢救性考古发掘以来，云阳县境内发现大量重要的古代遗存，其中被国家文物部门列入3A级抢救性发掘项目的数量位居三峡库区之首。经过三峡工程淹没及迁建区工程的抢救性考古发掘和云阳县长期以来的文物保护工作积累，迄今为止，全县共有不可移动文物点1196处，其中全国重点文物保护单位2处，市级文物保护单位9处，县级文物保护单位33处，名列长江三峡库区各县前列；全县已入藏的登记在册的可移动文物23088件（套），其中等级文物508件（套），包含一级文物10件（套），二级文物39件（套），三级文物459件（套），标本10万余件。无论是文物的数量还是文物的历史价值，云阳县拥有的文物资源都居重庆市乃至全国县级城市的前列。

在云阳县数量众多的古遗址中，高阳镇李家坝遗址、复兴社区旧县坪城址、高阳镇明月坝遗址最为著名。三处遗址是三峡工程淹没及迁建区最具历史价值的古遗址，不仅规模大，遗迹丰富，而且出土有大量的精美文物，是研究从商周至战国秦汉、迄唐宋明清时期巴文化发展历程的重要遗存。李家坝遗址还被评为“中国十大考古新发现”之一，明月坝遗址入选了“中国重要考古发现”。

云阳大地上的文物是祖先赐予我们的宝贵财富，怎样保护好、利用好这些不可再生的文化资源，既是我们的责任，也是我们“精神文明”和“文化自信”建设的抓手。为此，我们坚持和倡导“在保护中发展、在发展中保护”的文物工作理念，科学地保护和利用我县丰富的文物资源，让文物在老百姓的文化生活中“活”起来。

为保护和展示三峡工程抢险救援性考古发掘出土的大量文物，云阳博物馆充分利用既有条件，精心谋划，科学设计，以专题展览和文化遗产宣教相结合的方式，充分而全面地呈现了云阳悠久灿烂的历史和云阳新时代的风貌。云阳博物馆早已成为全县人民不可或缺的文化场所，也是全县人民的精神家园。近年来，博物馆在新时期文化建设的大背景下取得了十分可喜的成果，在人才队伍、展陈宣教、学术研究和管理水平等方面都有了极大地提升。作为“重庆中国三峡博物馆”的分馆，云阳博物馆也实现了与国家级大馆的资源共享。作为重庆市三家县级的“国家二级博物馆”之一，云阳博物馆已经成为云阳县的名片和文化窗口。

“文物承载灿烂文明，传承历史文化，维系民族精神，是老祖宗留给我们的宝贵遗产，是加强社会主义精神文明建设的深厚滋养。保护文物功在当代、利在千秋。”自党的十八大以来，以习近平同志为核心的党中央高度重视文物工作，强调各级党委政府要增强对历史文化的敬畏之心，努力走出一条符合国情的文物保护利用之路，其内容涉及文化遗产保护与利用工作的方方面面。为贯彻习近平总书记关于文物工作系列重要论述精神，落实中央和重庆市委市政府决策部署，云阳县委、县政府制订了《关于进一步加强文物工作的意见》《关于确定和公布保护性建筑名录的通知》等文件，为云阳文物工作提供了坚实的保障。

云阳县文管所（博物馆）在县文旅委的领导下，准确把握当下文物工作面临的新形势、新要求、新任务，以强烈的使命感、责任感，扎实推进全县各项文物工作。近年来，云阳县以“大健康”产业布局为总体要求，以“文化旅游养心”为核心，坚持“抢救性、价值性、利用性”的工作方针，坚守城市文脉的信念，县文旅委会同有关部门有序推进了云阳县十大古宗祠修复、十大古建筑修缮、十大古村落保护等“三个十”文物保护工程。这一系列工程的顺利推进，使云阳县文化遗产的保护和利用水平跨上了一个新台阶，也为三峡库区的文化遗产保护与利用做出了有意义的探索。

为认真贯彻落实中央推动成渝地区双城经济圈建设部署，强化重庆和四川两地文物保护利用合作，联合挖掘巴蜀文物资源的突出价值和丰富内涵，推动巴蜀文化旅游走廊建设，云阳县文管所（博物馆）积极推进与四川大学的合作，服务于云阳县“文化强县”“文旅融合”发展战略，共同探讨文化遗产保护利用的模式。四川大学与云阳县在文化遗产保护与利用的合作中具有深厚的基础，早在1993年，四川大学就承担了《三峡大坝工程淹没区及迁建区文物保护规划》任务，从那以来的二十多年间，四川大学考古系的师生就与云阳县的文物工作者一道忍饥曝日，栉风沐雨，并肩战斗在云阳这片深埋文化宝藏的大地上。本书不仅是一部介绍和研究我县文物精品的鸿篇巨著，也是云阳县文物管理所（博物馆）与全国文物考古机构开展的“三峡考古大会战”和近年来文物保护成果的集中展现，更是云阳县文化遗产保护与利用的一项里程碑式的成果。

温峰　李映福

2020年5月3日

目录

云阳概况

云阳历史悠久，建县历史可上溯至2300年前，是三峡地区最早设置的县级行政机构之一。云阳夏代属梁州，为商、周属庸国之地。春秋时期楚庄王三年（公元前611年），楚国联合巴国和秦国，一举灭掉庸国，三家分“庸”，云阳所在地域全部划入巴国版图。东周赧王元年（公元前314年），秦灭巴后在原巴地推行郡县制，于江州（今重庆渝中区）设巴郡，巴郡所辖十一县之一的朐忍县即为云阳建县之始。

关于朐忍县治的具体位置，晋代常璩《华阳国志》、北魏郦道元《水经注》、明代嘉靖《云阳县志》、清代《四川通志》等历代文献也多有记载。20世纪90年代末，四川大学、吉林省考古研究所、云阳县文物管理所等单位在旧县坪遗址的一系列重要发现，确认了云阳历史上的第一座县治就设在今双江镇建民村的旧县坪。

汉袭秦制，西汉至东汉的数百年间，云阳的建制沿袭不变，仍置为巴郡朐忍县，县治设置在今云阳县万户驿（俗称“旧县坪”）。自西汉武帝元狩五年（公元前118年）起，朐忍县开始设置盐官，其社会经济发展跨入了一个新阶段。梁元帝二年（公元553年），朐忍县辖地有所调整，分朐忍县大江北岸西北部分县地，与原江南南浦侨县共置为鱼泉县。此后，朐忍县辖地即与现今云阳县辖地基本相同。

北周天和三年（公元568年），时任司宪中大夫的陆腾平定峡江地区的叛乱后，将朐忍县治从旧县坪迁至汤口（今云阳镇），更县名为云安。宋立国后，全国的行政机构和名称多有调整，特别是对军事、交通要冲和盐铁资源分布区设置军一级的行政机构，以强化中央王朝在军事和经济方面的管理。云阳因拥有丰富的盐资源和悠久的盐业开采史，政区管理也相应地做了调整，于宋代开宝六年（公元973年）将云安县升级为军，并一直延续到宋代末年。宋代末年至元代，是云阳行政名称变动最频繁的时期。宋代末年，废云安军，元代至元十五年（公元1278年），又重置云安军，至元二十年（公元1283年）又将云安军改为云阳州。“云阳”的得名是缘于州治所在地位于云安盐场之南和四季多云的五峰山南麓，根据中国千百年来以南为阳的传统，故取“云阳”为州名。

在两千多年的历史长河中，云阳县名、县域和隶属机构虽然多有变化，但主要疆域变化不大，历史文脉延续不绝，构成了今天云阳最为宝贵的历史文化传承。

今云阳县位于重庆市东北部，其东连奉节，西接万州，南邻恩施，北衔城口、巫溪。地处亚热带季风气候区，日照充足，气候温润，春夏秋冬，四季咸宜。县境内属喀斯特地貌，南北高，中部低，地形多山，兼有丘谷，山高谷深坡陡，呈现出“一山一岭、岭谷交错”的地貌特征。境内最高点在农坝镇云峰山野猪槽包，海拔1809米，最低点位于云阳龙洞镇长江出境处，海拔139米，高低落差1670米。

长江自西向东流经云阳全境，南北流向的澎溪河、汤溪河、磨刀溪、长滩河等及其溪流冲积切割出的众多宜于农业耕作的“坝子”，为生活在云阳大地的先民提供了生生息息的肥沃土地。云阳拥有品类众多的矿产资源，特别是井盐资源十分丰富，早在西汉高祖时期就在今云安镇凿“白兔井”煮盐，自此以后，云阳逐渐发展成为峡江地区最主要的盐业生产中心，发达的盐业成为支撑云阳繁荣富饶的物质保障。云阳境内纵横交错的大小河流是连接东西南北的主要交通资源，借助长江众多支流和星罗棋布的“坝子”所生成的乡镇聚落，形成了连接云阳县域内外的具有悠久历史的井盐生产与井盐转运集散地的网状体系，极大地拓展了云安盐以及盐业经济的辐射范围。汤溪河流域的云安场、澎溪河流域的明月坝就保留了两千多年以来的云阳井盐生产与运输的丰富遗存。

东西流向的长江将云阳分割为江南、江北两大片区，并在漫长的历史发展长河中逐渐形成了“北重南轻”的行政、经济格局。云阳两千多年以来的县、监、军级行政中心、主要镇市和井盐资源开发多位于江北一侧。江南因长江阻隔，与政治、经济、文化发达的北方地区沟通不便，经济文化相对落后。

云阳虽然具有悠久的历史和数量巨大的古代遗存，但考古工作则相对滞后，直至20世纪50年代才逐渐起步。1957年，为配合长江水利工程，四川省博物馆开展了忠县至巫山约360公里长江沿岸的考古调查，发现遗址和石器、陶器采集点30处，其中在云阳境内发现古遗址6处，这是云阳开展的最早的考古工作。调查发现的遗物以现有认识来看，其时代大多数为商周时期的遗存。囿于当时考古工作少，资料积累缺乏，这一时期还难以分辨和识别出新石器时代晚期遗存和商周时期的遗存，常常将两类遗存混淆在一起。但这一项工作却开启了云阳新石器时代考古的序幕。这一时期是云阳考古的奠基期。

自此伊始，云阳县的考古工作经历了三个大的阶段：前三峡工程时期（1957年—1992年）、三峡工程时期（1992年—2007年）、后三峡工程时期（2011年至今）。

20 世纪末21世纪初，伴随着三峡大坝工程的兴建和移民迁建工程的开启，云阳县开展了为期近十年的大规模抢救性考古发掘。云阳县处于三峡库区中心地带，多山多河，其中流域面积在100平方公里以上的溪流有13条，长江自万州区入境，流经双江、凤鸣、云阳、故陵等镇，干流跨境长度约68公里，因此淹没面积较大，大量的文物古建受到影响，亟须进行抢救和保护。全国各地的高校、省市考古所等40余家考古发掘单位纷纷奔赴这里，大大小小的遗址、墓地和古建筑点都留下了考古工作者坚实的足迹。在这次史无前例的“考古大会战”下，云阳对49处古遗址、古墓葬进行了发掘，累计发掘总面积达21万平方米，出土了青铜器、石器、玉器、钱币等文物2万余件，丰硕的成果居三峡工程淹没及迁建区之首。随着“考古大会战”成果的逐渐刊布和大量科技，如C-14测年、环境考古、冶金考古、植物考古、动物考古等科技考古地介入，极大地推动了云阳史前考古学研究的深入，填补了云阳史前考古研究的空白，廓清了云阳古代文化的发展脉络，为三峡地区史前文化谱系的构建提供了宝贵的资料。

云阳文物精粹

第一部分

先秦·远古巴地

Part one: Pre Qin Period

云阳的历史与地理是三峡地区历史与地理的重要组成部分。在邻县巫山发现的距今201—204万年的“巫山猿人”，将云阳-巫山一带的历史溯源到了数百万年前的远古时代。云阳境内最早的人类活动大约出现在新石器时代晚期。这一时期正是巴渝地区新石器时代文化日趋繁荣、文化交流与传播日趋强势的阶段，无论是长江干流两岸，还是嘉陵江、乌江等大小支流地区都留下了丰富的新石器时代遗存。

石器在云阳境内的新石器时代遗址出土遗物中占有大量比重，石器的制作延续了旧石器时代特点，以打制石器为主，主要有斧形器、锛形器、锄形器、凿形器、切割器、刮削器、砍砸器、锥形器、尖状器等，种类繁多，代表了生产工具的主流。磨制石器的种类相对较少，器形有斧、锛、切割器、矛、凿、环、磨石等，它们绝大部分与新石器时代同类器物的形制具有较多的共同性，但因地理环境原因，也具有明显的地方特点。如丝栗包遗址石器以砾石为原料，部分保留有砾石面，单向和双向修整并存，多经二次加工。哨棚嘴文化遗址中也有琢磨和自然砾石直接使用的情况。丝栗包遗址出土打制石器材质的多样性较强，包含海成岩、火山岩、硅质岩。磨制石器则均为海成岩，这不仅是不同功用对材质的选择，也是对云阳古地质状况的直观反映。数亿年前，云阳还是一片汪洋大海，海成岩的普遍使用应当与此有关。这些造型优美、材质优良的石器，在满足云阳古代先民生产、生活功能的同时，也代表了云阳先民原始艺术审美水平。这些新石器时代的石器不仅是云阳先民创造的重要手工业产品，同时也是远古时期云阳先民利用自然、改造自然和不懈奋斗的重要见证。

新石器时代的陶器在云阳也有相当数量的出土，其形制与组合具有哨棚嘴文化的特征，器类、材质、纹饰、制作工艺皆已有清晰的面貌。以长江边的丝栗包遗址为例，可辨器形有折沿罐、盘口罐、卷沿罐、直口罐、敛口罐、折腹罐、折沿盆、折腹钵、曲腹钵、鼓腹壶、圜底盘等19种，在大地坪遗址中还出土有高领罐、矮领罐、长颈罐以及少量圈足器和极少的类似尖底器，具有典型哨棚嘴文化特色的花边口沿罐在该遗址中也有出现。在材质上，主要有夹砂陶和泥质陶两大类，夹砂陶所占比例较大，这一较为普遍且长期延续的特点，其原因可能与本地的砂质土有关。陶器色泽多样，古朴大方，多红陶，兼有黑陶、灰陶、红褐陶、黑褐陶、黄褐陶、黑衣陶等。纹饰方面以绳纹为大宗，有一定数量的戳印纹、弦纹、附加堆纹、突点纹、花边纹，并且常有一器多纹的现象。纹饰多有较强的延续性，一部分在商周时期仍在流行。陶器制作方法从手制向轮制发展，大地坪遗址中发现了三座窑址，均为小型圆形窑，窑室径1米左右，窑室内还残留有大量的陶器烧结块，这一发现对研究峡江地区新石器时代的制陶技术具有重要的意义。

随着考古发现地不断涌现，我们对新石器时代的云阳有了更系统的认识。云阳大地坪遗址完整、丰富的文化遗存，为全面地观察新石器时代云阳人的生活细节提供了各方面的实物材料。大地坪遗址位于云阳县长江南岸盘石镇龙安村的三级阶地，距今约4000—4500年，考古发现有大量房屋、窑址、墓葬等遗迹和石器、骨器、陶器等遗物。渝东地区的地形多为单斜丘陵，间有一些面积不大的山间平坝。长期以来，大家都认为渝东地区的农耕条件较差，渔猎是生产经济的主要方式。出乎意料的是大地坪遗址发现了三峡地区年代最早的人工栽培水稻化石遗存，其生物特性已与现代的栽培稻相近。水稻化石的出土证明了三峡地区至少在5000年前的新石器时代就已实现了人工栽培稻。这一发现将三峡地区水稻种植的历史上推了3700年。大地坪遗址还发现了哨棚嘴文化时期的完整聚落遗迹和大大小小的各式各样的陶纺轮。诸多证据表明，早在5000年前，云阳先民就已经告别了荒蛮、无保障的单一的狩猎捕鱼生活方式，开启了种植稻谷的农耕文明，从岩窟走向江边、谷地，并出现了制陶和纺织手工业。

商周、秦汉是三峡地区的文化大发展时期，特别是春秋中晚期以降至战国时期，中国社会进入了一个激剧动荡的时代，始于中原诸国的统合之争，渐次波及长江流域的巴、蜀、楚三国。政治与军事上的风谲云诡，极大地加速了长江及其支流诸文化圈的文化交流传播和族群迁徙。云阳因拥有得天独厚的地理位置优势，成为峡江地区巴蜀、巴楚、巴秦之间多元文化交流与融合的中心区域。随着云阳李家坝、丝栗包、大地坪等一系列巴文化遗址、墓地考古研究的日渐深入，巴文化及其巴楚、巴秦文化融合的历史轨迹正逐渐清晰。云阳作为一个独特的历史文化区域，以巴文化为主体，包含蜀、楚、秦等多文化因素的考古遗存的大发现，丰富和完善了中华文化“多元一体”历史发展进程的认识体系。

夏晚期至商早期是三峡地区先秦文化交流融合的快速发展期，从大地坪、丝栗包等遗存可以看出云阳从新石器时代到夏商时期文化面貌的延续性。这一时期的文化遗物以陶器最具代表性，兼有较多石器，根据陶器组合我们可以看到此时云阳地区的文化构成以及与周边文化的互动。侈口罐、盘口罐和敛口罐具有浓厚的地方特色，继承了新石器时代末期峡江地区土著文化传统；小平底罐、高柄豆、灯形器、鸟头勺等与三星堆文化相似的器物形制和组合，表现出云阳与远在千里之外的成都平原先秦文化的紧密联系。鬶、封口盉是中原地区二里头文化的典型器物，云阳境内先秦遗址发现的鬶、封口盉无疑是受中原文化因素影响而出现的。从总体上观察，该时期巴文化和蜀文化的文化面貌相近，文化面貌上应属于三星堆文化系统。

商中晚期到西周，该地区受中原文化的冲击渐次加强，相应地与成都平原的联系也在逐渐减弱。根据殷墟出土卜辞的记载，在殷商武丁统治时期，殷人不断地南向开疆拓土，征服了江淮地区众多的部族方国，但连年征伐的殷人面对巴人的剽悍与劲勇时，却屡陷窘境。殷王夫妇武丁、妇好都曾分别亲率大军征伐巴人。巴人屡战不屈，顽强抵抗，极为勇锐。在长期的拉锯战中，巴人最终不敌强大的殷人，相传武丁率大军从东面攻击巴方军队，将巴方军队赶入妇好预设的埋伏圈，殷巴之争以殷的胜利告终。至此以来，巴与中原文明的联系变得更加紧密了。

云阳位于渝东一隅，是连接峡江地区与江淮地区的地理通道（该区域为早期巴文化的石地坝文化分布区）。从考古学文化来看，分布于该区域的三星堆文化的影响力呈逐渐减弱趋势，到了十二桥文化时期，由于受中原文化等外来文化的冲击，三星堆文化的影响力逐渐减弱，三峡地区的文化面貌与成都平原地区的差异越来越明显，也正是在这个时期，巴文化因素的自身特点逐渐突显出来。这一时期，出土的代表性器物主要有尖底器、素缘口花边口釜、罐、高领罐等，典型遗址主要有云阳李家坝遗址等。

春秋时期，王室衰微，诸侯逾制。巴国巧妙地运用周室礼崩乐坏、诸侯思变的天下大势， 政治、经济、军事实力得以迅速膨胀，并一度与楚国结成政治军事联盟，一扫江汉众多小国。进入战国时期，巴、楚两国反目相争，巴人被迫放弃长江中游，南下至长江流域的川东、鄂西南地区重建其统治。位于巴文化东北部的云阳地区作为晚期巴文化的重要分布区之一，是沟通巴文化与楚文化的通道，因此，该地区的考古发现更深刻地诠释了巴楚之间的复杂关系。这一时期云阳的考古学文化面貌更加丰富，遗迹的文化内涵更加深刻，既有柱状鬲足、板瓦和筒瓦等楚文化因素的器物，也有大量巴蜀文化因素的器物，透过这些器物能够较为清晰地看到两者间激烈的碰撞。此时的陶器占有很大的比例，铜器较少，铁器极为罕见。陶器仍以夹砂陶居多，纹饰多样，器类有花边口罐、釜、鬲、豆、钵、碗、盘、簋、尊、器盖、尖底杯、尖底盏等，其中最常见的有花边罐、花边釜、圜底器（如釜）、尖底器（如罐、杯、盏等）等几类陶器。

战国时期，巴国东受强楚挤压，西面又与蜀国纷争不断，被迫五易其都，最终溯长江、嘉陵江而上，退守阆中。巴国动荡的政治局势也孕育了更加多样的文化，云阳境内考古出土的文物揭示了巴文化的多样性。1998年度“中国十大考古新发现”之一的李家坝遗址，坐落在云阳县长江北侧支流澎溪河东岸，是巴国在这一地区的一处区域性中心聚落。通过对该遗址、墓地出土遗物的观察可以看出，在战国中期，楚文化更加强势地进入云阳一带，不仅带来大量楚式器物，而且棺椁形制亦受到楚文化影响。到战国晚期，随着秦人的进入，秦文化也给战国时期的云阳刻下了深深的烙印。除此以外，云阳境内战国墓葬还出土有少量岭南和四川盆地以南地区常见的越式器物，表明战国时期的云阳与岭南越人之间就有往来交流。

伴随外来文化的强势进入，巴文化的自我族群意识和认同反而变得更加强烈和富有生命力，通过和蜀文化的逐渐融合，最终形成了晚期巴蜀文化发展的一个高峰。这一时期，青铜器在巴蜀社会得到广泛的应用和推广。青铜器的器类中，以青铜兵器数量最多，占比较大，其中以柳叶形剑、柳叶形双耳矛、虎纹戈、折肩钺、斧等最为常见，其中剑、矛、钺构成了巴蜀兵器的标准组合。

兵器的大量拥有，或许和战国时期频繁的战争冲突有关。此外，在李家坝遗址中还出现有“殉人”习俗，根据墓坑内清理出的人骨推测，可能是先将殉人杀死后作为人牲祭祀死者，然后再放入墓内殉葬。《后汉书·南蛮西南夷列传》记载：“廪君死，魂魄世为白虎。巴氏以虎饮人血，遂以人祠焉。”“殉人”习俗可能就是其中一种形式，而巴蜀青铜器上常见的白虎图案就是巴人白虎崇拜的由来。

秦灭巴蜀之后，在原巴国地置巴郡，在云阳地域建县，名“朐忍”，为云阳建县之始。公元前221年，秦国一统天下，云阳正式纳入中原王朝版图，并逐渐成为英才俊彦辈出之地。生于秦末的扶嘉自幼聪颖好学，长大后能占卜吉凶，每“巧发奇中”，且通晓地理。早年曾沿长江东下游历，在沛县与刘邦相遇相知，畅谈天下之事，深受刘邦敬重。之后力荐刘邦自故道入关平定三秦以夺取天下，刘邦以嘉“志在扶翼”，赐姓扶。汉朝建立以后，扶嘉被封为掌管刑狱的廷尉，位列九卿，食邑朐忍，造福一方。

总体而言，先秦时期巴文化是一支极具地方特色的文化，在开放包容中交流融合并发展壮大，最终成为先秦时期诸民族文化、地域文化的一个重要组成部分，在中华文化“多元一体”的历史发展进程中扮演着重要的角色。云阳作为早期巴文化和晚期巴蜀文化的核心区之一，其出土的遗迹、遗物为人们展示了这段远古历史的文化底蕴和内涵。考古发现的物证，一层层揭开巴蜀文化的神秘面纱，客观而又具体地再现了先秦时期云阳先民们傍水而居，安居乐业，阡陌交通，鸡犬相闻的生活画卷和政治、军事、文化的发展史。

石镞（匕）

新石器时代

云阳县大地坪出土
云阳博物馆藏
长 8.5 厘米，宽 2.5 厘米，厚 0.1 厘米 ~ 0.6 厘米

镞身较长，呈扁平等腰三角形，扁短铤，短翼，刃部锋利，打磨细致，形制规整。

石斧

新石器时代

云阳县大地坪出土
云阳博物馆藏
长 8.5 厘米，宽 2.9 厘米 ~ 4 厘米，厚 0.5 厘米 ~ 2 厘米

灰褐色，平面近梯形，打磨光滑，平刃、铲形，刃部有多处残损。

骨针

新石器时代

云阳县旧县坪出土
云阳博物馆藏
长 18 厘米，宽 0.3 厘米 ~ 0.9 厘米，厚 0.1 厘米 ~ 0.3 厘米

浸蚀成白色，体扁平，一端有孔，稍宽，另一端较窄。

陶纺轮

新石器时代

云阳县旧县坪出土
云阳博物馆藏
高 2.3 厘米，直径 3.3 厘米

泥质灰陶，中间饰一道凸弦纹。

陶釜

新石器时代

云阳县旧县坪出土
云阳博物馆藏
高 25.7 厘米，口径 20.5 厘米，腹径 24.5 厘米

夹砂红陶，质地较细腻。尖唇，直口外敞，斜折沿，长颈收束，垂腹，圜底。口沿内饰有一周凹弦纹，腹部饰有中绳纹。器型较为少见，颇具特色。

陶釜

商

云阳县大地坪出土
云阳博物馆藏
高 21.7 厘米，口径 24.6 厘米，腹径 27.5 厘米

夹砂红陶，尖唇，侈口，束颈，溜肩，下垂腹，圜底。腹部饰竖向细绳纹。圜底釜是巴人最常用的炊煮器。

陶罐

商周

云阳县大地坪出土
云阳博物馆藏
高 56.2 厘米，口径 19.7 厘米，底径 15.6 厘米

夹砂红褐陶，方唇口，深腹，肩部外廓至下腹部内收，小平底。肩部以下饰方格纹。

陶罐

商周

云阳县大地坪出土

云阳博物馆藏

高 25.5 厘米，口径 24 厘米，底径 8.8 厘米

夹砂红褐陶，折沿近平，腹微鼓，小平底。唇部饰一周刻槽纹，腹部饰多排戳印纹，通体饰斜向刻划纹。

小平底罐

商

云阳县大地坪出土
云阳博物馆藏
高 10.2 厘米，口径 5.1 厘米，底径 4 厘米

夹砂灰陶，方唇，侈口，折肩，肩部上抬，腹部斜收程度较甚，下腹微外弧，小平底。素面。

陶钵

商

云阳县大地坪出土
云阳博物馆藏
高 12.7 厘米，口径 23.5 厘米，底径 9.0 厘米

夹砂红褐陶，口微敛，斜收成小平底，造型古朴。通体饰斜向刻划纹。

陶豆

商

云阳县大地坪出土
云阳博物馆藏
高 11.0 厘米，口径 20.0 厘米，圈足径 10 厘米

夹砂灰陶，方唇，口微敛，盘腹略深，矮柄，覆盘状圈足。素面。

陶豆

商

云阳县大地坪出土
云阳博物馆藏
高 20.6 厘米，口径 19.2 厘米，圈足径 8 厘米

泥质灰陶，平沿，近直口，盘壁转曲内收，线条流畅，盘腹略深，细中柄，喇叭状圈足。盘壁有一圈弦纹，柄部中下部有两圈凸棱。

陶鬶

商

云阳县大地坪出土
云阳博物馆藏
高 27.5 厘米，口径 5.5 厘米，腹径 13.6 厘米

夹砂红陶，侈口，短流，束颈，扁腹，袋足较长，把手呈半圆形。腹部饰一圈堆纹，其上饰一圈戳印纹，把手饰有绳索纹。

陶鬶

商

云阳县大地坪出土
云阳博物馆藏
高 25.8 厘米，口径 7.3 厘米，腹径 10.3 厘米

夹砂红陶，侈口，束颈，颈部偏下，袋足肥硕，把手呈半圆形，饰有绳索纹。

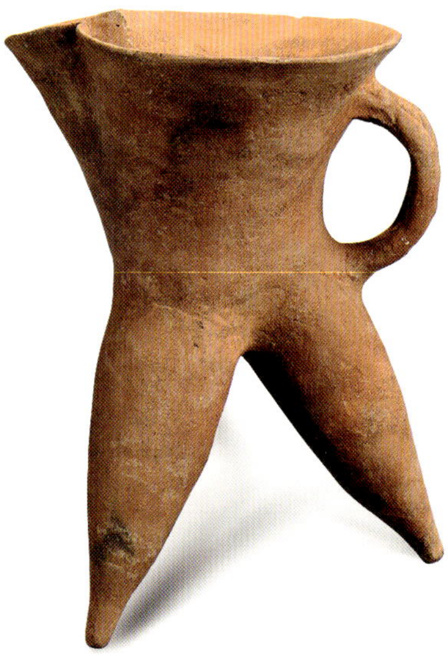

铜甬钟

战国

征集

云阳博物馆藏

器高 40.4 厘米，宽 22.3 厘米，柄长 10.5 厘米

器身呈扁圆形，弧形口，器身上部正反两面各有 24 乳钉。圆柱形空心柄。保存完好，造型精美。

铜鼎

战国

云阳县李家坝出土

云阳博物馆藏

高 16 厘米，口径 16 厘米，耳高 5.6 厘米，耳宽 3.2 厘米，盖直径 18 厘米

有盖。敛口，深腹，平底略弧。近长方形的双立耳附于口沿之下，耳斜向上扬。三柱足略外撇。盖呈弧口，弧形顶盖，盖面均匀分布三桥形钮，钮上均有圆柱状钮柄。

铜鼎

战国

云阳县李家坝出土
云阳博物馆藏
高 24 厘米，口径 17 厘米，耳宽 22.5 厘米，耳高 7 厘米，耳宽 3.8 厘米

有盖。敛口，深腹，平底略弧。长方形双耳附于口沿之下。三扁足略外撇，下端略呈蹄状，足横截面呈新月形。鼎身可见两条纵向的范线痕。盖残，直口，弧形顶盖，盖面正中有一鼻钮套一圆环，鼻钮之外均匀分布三方形钮，钮上均有圆穿。

铜鼎

战国

云阳县李家坝出土

云阳博物馆藏

高 19.5 厘米，口径 13.6 厘米，耳高 4 厘米，耳宽 3 厘米，足高 10.5 厘米

有盖。敛口，直壁，深腹，平底略弧。近长方形的双立耳附于口沿之下，耳斜向上扬。三扁足略外撇，下端略呈蹄状，足横截面呈新月形。盖残，弧口，弧形顶盖，盖面正中有一鼻钮，鼻钮之外均匀分布三钮，三钮均残损不清。

铜壶

战国

征集

云阳博物馆藏

高 29 厘米，口径 6.5 厘米，腹径 8 厘米，底径 9 厘米

侈口，方唇，长颈，溜肩，四方腹，四方形圈足。肩部附对称二鼻钮环耳。轿顶形器盖，小平顶，盖面均匀分布三鸟形钮，钮上有四圆穿。

铜壶

战国

云阳县李家坝出土
云阳博物馆藏
通高 26 厘米，器身高 22.5 厘米，口径 7.5 厘米，腹径 12 厘米，底径 9 厘米

侈口，方唇，弧颈，溜肩，圆腹，圈足。肩部附对称二鼻钮环耳。肩部和中腹偏下各饰两道凹弦纹。盖口沿内折，方唇，弧顶，盖面均匀分布三个鸟形钮，钮上均有圆穿，其中一钮损毁。

单耳铜鍪

战国

云阳县李家坝出土

云阳博物馆藏

高 10.2 厘米，口径 9.4 厘米，耳长 3.2 厘米，耳宽 2.5 厘米

辫索纹单耳青铜鍪。侈口，卷沿，直领，鼓腹，溜肩，圜底，肩部附辫索纹单耳，最大径在中腹偏下，素面。整器有合范痕迹。

单耳铜鍪

战国

云阳县李家坝出土

云阳博物馆藏

高 11.6 厘米，口径 9.5 厘米，腹径 11 厘米，耳直径 3.5 厘米

辫索纹单耳青铜鍪。侈口，卷沿，弧领，鼓腹，溜肩，圜底，肩部附辫索纹单耳，耳部和肩部结合处有六个圆环锁住加固，最大径在中腹偏下，素面。整器有合范痕迹。

双耳铜釜

战国

云阳县李家坝出土

云阳博物馆藏

高 19.2 厘米，口径 21.5 厘米，腹径 22.5 厘米，耳长 3.3 厘米，耳宽 2.5 厘米

喇叭口，口径较大，腹较深，器身扁圆。圆唇，仰折沿，弧领，溜肩，圆腹，圜底，最大径在中腹，肩部附对称圆形双耳，整器有合范痕迹。中腹部饰有两条弦纹。

双耳铜釜

战国

云阳县李家坝出土
云阳博物馆藏
高 13.8 厘米，口径 17 厘米，耳径 3.5 厘米，腹径 19 厘米

口径较大，器身扁圆。直口，方唇，折沿，直领，曲肩，圆腹，圜底，最大径在上腹，肩部附对称辫索纹圆形双耳，器身有合范痕迹，素面。

龙首铜魁

战国

云阳县李家坝出土
云阳博物馆藏
高 14.5 厘米，口径 21.7 厘米、底径 16.2 厘米，柄长 10.5 厘米，柄宽 3.8 厘米

龙首柄青铜魁。广口，深腹，束颈，高圈足。腹一侧为龙首形手柄，龙口大张，龙目圆睁，龙首连器体。腹有一道弦纹。器物造型精美。

带盖双耳铜杯

战国

云阳县李家坝出土
云阳博物馆藏
高 13.3 厘米，口径 7.3 厘米，底径 4.6 厘米，杯盖直径 7.7 厘米

杯身呈柱形，上粗下细，中腹部附兽面双耳，耳上附衔环。杯盖为圆盘形，略大于杯身，圜顶，顶部中央附一桥形钮，钮上附一衔环。

球形铜勺

战国

云阳县李家坝出土

云阳博物馆藏

长 13.5 厘米，宽 6.6 厘米，柄长 6.8 厘米

柄较长，圆柱形，末端较粗。勺部呈球形，腹较深，通体素面无纹。略有残损。

箕形铜铲

战国

云阳县李家坝出土

云阳博物馆藏

长 12.8 厘米，宽 9 厘米，柄长 6.8 厘米

铲柄部为八棱形，中空，上下相同；铲部为箕形，两边向外延伸为尖状。

铜奁

战国

云阳县李家坝出土

云阳博物馆藏

高 15 厘米，口径 10.5 厘米，盖直径 10.4 厘米，足高 1.2 厘米，耳直径 3.3 厘米

铺首衔环，带盖，单耳，圆柱形器身，三只饕餮纹实足，下端略呈蹄状，中腹部附辫索纹器耳一只。圆盘形器盖，器盖上有一桥形钮，钮上附一圆形衔环，制作精美。

柳叶形铜剑

战国

云阳县李家坝出土

云阳博物馆藏

长 45 厘米，宽 3.6 厘米，刃长 28.7 厘米

柳叶形铜剑，巴蜀文化最具代表性的兵器，常与双矛耳、圆肩折腰钺构成巴蜀兵器的三件套组合。剑身饰虎斑纹；剑身较长，呈柳叶形，扁茎无格，茎上有两穿孔，两穿孔分别位于茎末端中部和剑身与茎交界处。

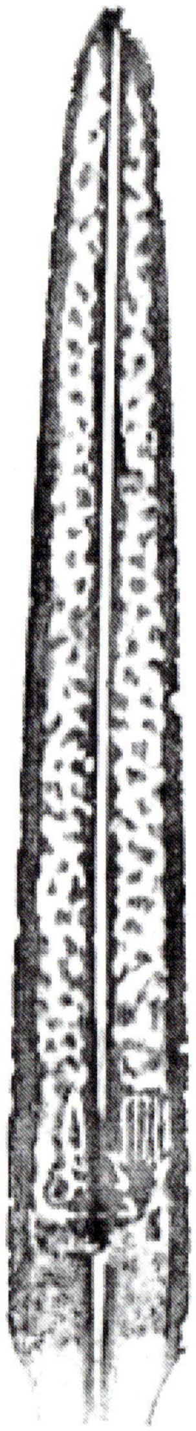

柳叶形铜剑

战国

云阳县李家坝出土
云阳博物馆藏
长 31.8 厘米，宽 3.5 厘米，刃长 26.2 厘米

柳叶形，剑身一面饰手心纹，另一面装饰人形图案，纹饰精美；剑身有脊，扁茎无格，茎上有两穿孔。

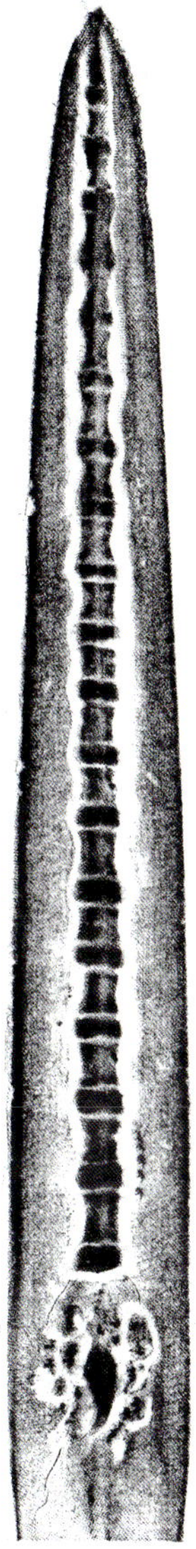

柳叶形铜剑

战国

云阳县李家坝出土
云阳博物馆藏
长 31.9 厘米，宽 2.9 厘米，刃长 27 厘米

柳叶形，剑身呈流线型，通体装饰精美，有竹节纹饰，下部饰有双虎纹、手心纹等巴蜀图语。扁茎无格，剑身与茎似为一体，茎上有两穿孔，穿孔为不规则圆形，穿孔一上一下，分布在同一侧。

柳叶形铜剑

战国

云阳县李家坝出土
重庆三峡博物馆藏
长 25.7 厘米，宽 2.9 厘米

柳叶形。剑身饰浅浮雕式长喙巨翅鸟图像，纹饰流畅精美，图案夸张，动感十足。剑身呈柳叶形，中脊不明显，扁茎无格，茎末端中部、剑身与茎交界处各有一穿孔。剑身锈蚀较为严重，剑刃前端略有残损。

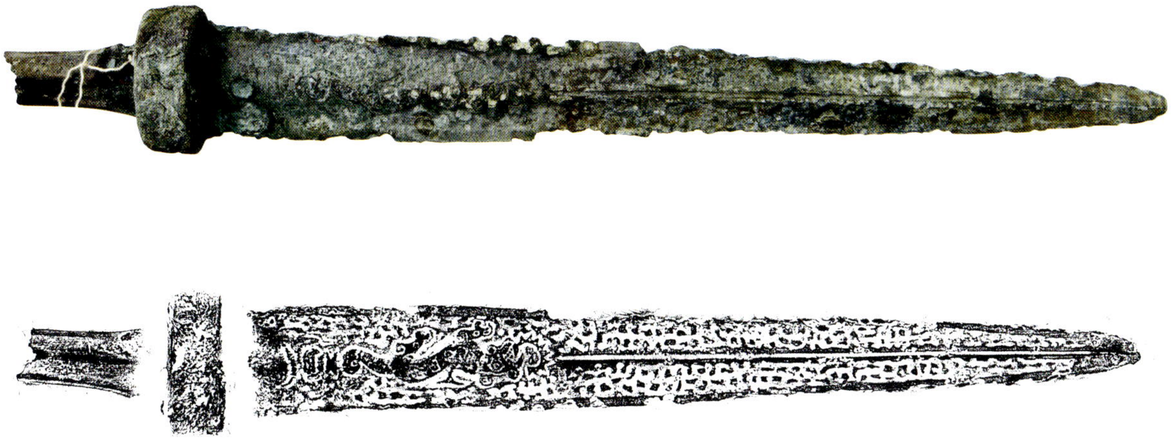

柳叶形铜剑

战国

云阳县李家坝出土

云阳博物馆藏

长 45.1 厘米，刃长 37.2 厘米，刃宽 4.7 厘米，

剑格长 5.7 厘米，剑格宽 2.2 厘米，柄长 5.7 厘米

柳叶形。剑身较长，剑身下部饰虎纹，剑身上部不平整。圆形剑格，略宽于剑身和剑茎，剑茎残损，仅见一穿孔。

楚式铜剑

战国

云阳县李家坝出土
云阳博物馆藏
长 44.3 厘米，宽 4 厘米，柄长 8.3 厘米，刃长 35.6 厘米

楚式剑，剑身较长，中脊线突出，前锋收束为三角形，刃部锋利；剑格宽，剑柄为圆首，圆茎上细下粗。

楚式铜剑

战国

征集

云阳博物馆藏

长 46 厘米，宽 4.7 厘米，柄长 9 厘米，刃长 36 厘米

楚式剑，剑身较长，中脊线突出，前锋收束为三角形，刃部锋利；剑格宽，剑柄为圆首，略内凹，圆茎上下等粗，中部有两个大小相同的圆箍。

楚式铜剑

战国

云阳洪家堡出土
云阳博物馆藏
长 40 厘米，宽 4.1 厘米，柄长 10 厘米，刃长 30 厘米

楚式剑，剑身较长，中脊线突出，前锋收束为三角形，刃部锋利；剑格宽，剑柄为圆首，略内凹，圆茎上下等粗，中部有三个大小相同的圆箍。

虎纹铜戈

战国

云阳县李家坝出土
云阳博物馆藏
长 23.7 厘米，宽 11.7 厘米

十字形虎纹铜戈，有胡，援平直，援部略宽，中脊突出。前锋呈弧形，较为锋利，四面刃。援平直在靠近阑部上扬和下收，形成胡部，上较短，下较长。胡上有二穿，穿孔为圆形穿和滴水穿，下阑，靠近阑部有一虎形纹饰，虎口大张作吐舌状，舌长内卷，怒目圆睁，四脚做捕食状，虎尾有力，整个形态栩栩如生。长方形内，内部有一圆形穿。

虎纹铜戈

战国

云阳县李家坝出土
云阳博物馆藏
长 24.1 厘米，宽 14.4 厘米

有胡铜戈，援略上扬，援部窄长，中脊不明显。前锋呈弧形，三面刃。援上有一穿，胡上有三穿，穿孔均为滴水穿，下阑尾端后卷，靠近阑部有一虎形纹饰，虎口大张作吐舌状，怒目圆睁，四脚做捕食状，虎尾有力，整个形态栩栩如生。长方形内，内部有一滴水穿。

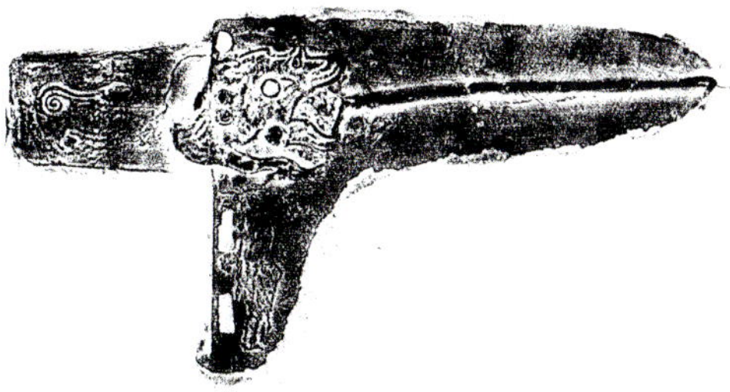

虎纹铜戈

战国

云阳县李家坝出土

云阳博物馆藏

长 24 厘米，宽 11.5 厘米

有胡铜戈，援略下收，援部窄长，中脊明显。前锋呈弧形，三面刃。胡上三穿，其中两穿近长方形，另一个为椭圆形；下阑尾端后卷，内部到阑部，直到胡部饰有一虎形纹饰，虎头部在胡部，胡身和尾在内部，虎头较大，占整个虎纹饰一半比例，虎口大张作吐舌状，怒目圆睁，虎尾卷曲有力，整个形态栩栩如生。长方形内，内部无穿孔。

虎纹铜戈

战国

云阳县李家坝出土
重庆三峡博物馆藏
长 25.6 厘米，宽 13.6 厘米

有胡铜戈，援部平直，援部较宽较短，中脊明显。前锋呈弧形，略有残损，三面刃。胡上有三穿，其中两穿近长方形，另一个呈圆形；下阑尾端后卷，呈一个小长方形；胡部正反两面均饰一虎形纹饰，虎头后部一小部分位于内部，虎头较大，占整个虎纹饰一半以上的比例；虎口大张，露出利齿，虎尾微卷曲上扬，显得凶猛有力，整个形态栩栩如生。内部呈长方形，内部有一圆形穿孔。援上刻巴蜀图语文字。

带帽铜戈

战国

云阳县李家坝出土
重庆三峡博物馆藏
戈长 28 厘米，戈宽 28 厘米，帽长 4.3 厘米，帽宽 3.1 厘米

有胡铜戈，援略上扬，援部窄长，中脊不明显。前锋呈三角形，三面刃。胡部较长，胡刃部残损较为严重，胡上有四穿，其中三穿近长方形，靠近上阑处一穿呈圆形；阑部较宽；内部明显分为两节，靠近阑部一级呈长方形，较厚较短；另一节，呈刀形，较长较薄，有一长方形穿。铜戈帽把部呈长方形，在一侧形成一帽形形态，帽身有一圆形穿，素面无纹。铜戈帽可能放于内上使用。

铜矛

战国

云阳县李家坝出土

云阳博物馆藏

长 21.5 厘米，宽 3.1 厘米，刃长 11.7 厘米，銎径 2.7 厘米

长骹柳叶形矛叶，圆形骹，圆形銎，骹部较长；矛叶较窄，矛身两叶对称，三角形锋，前锋较锋利，中脊突出。素面无纹，制作精巧。

铜矛

战国

云阳县李家坝出土

云阳博物馆藏

长 18.8 厘米，宽 3.5 厘米，骹径 2.4 厘米

长骹窄叶。矛身较短小，圆形骹，圆形銎，骹部较长；矛叶较窄，矛身两叶对称，三角形锋，中脊突出。矛叶末端接长方框形附耳。

铜矛

战国

云阳县李家坝出土

云阳博物馆藏

长 18 厘米，宽 2.7 厘米，骹径 2.4 厘米

长骹窄叶。圆形骹，圆形銎，骹部较长；矛叶较窄，矛身两叶对称，三角形锋，中脊突出，弓形双耳。骹上有两穿孔。素面无纹。

铜矛

战国

云阳县李家坝出土
重庆三峡博物馆藏
长 17.6 厘米，骹径 3 厘米

短骹窄叶。圆形骹，圆形銎，骹部较短；矛叶较窄，矛身两叶对称，三角形锋，中脊突出；弓形双耳。骹两面饰有虎形纹饰和两组巴蜀图语纹饰。

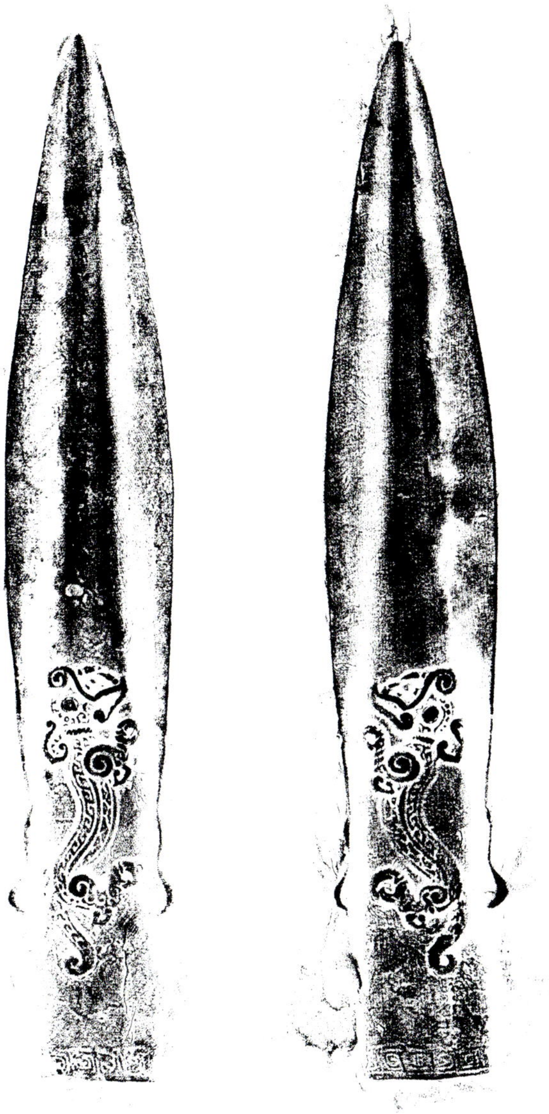

铜矛

战国

云阳县李家坝出土

云阳博物馆藏

长 30.2 厘米，刃宽 4.5 厘米，刃长 22.3 厘米，銎径 3 厘米

短骹窄叶。圆形骹，圆形銎，骹部较短；矛叶较窄，矛身两叶对称，三角形锋，中脊突出；弓形双耳。骹两面均饰有虎形纹饰，虎口大张作吐舌状，怒目圆睁，四脚做捕食状，虎尾有力，身体修长俊美，整个形态栩栩如生。

铜矛

战国

云阳县李家坝出土
云阳博物馆藏
长 24.8 厘米，刃长 11.8 厘米，刃宽 3.3 厘米，銎径 2.6 厘米

长骹窄叶。圆形骹，圆形銎，骹部较长；矛叶较窄，矛身两叶不对称，三角形锋，前锋较锋利，中脊突出；弓形双耳。骹两面均饰有虎形纹饰，虎尾有力，身体修长俊美，形态栩栩如生；矛叶饰云雷纹。制作十分精美。

铜矛

战国

云阳县李家坝出土

云阳博物馆藏

长 23.1 厘米，刃宽 3.1 厘米，刃长 11.5 厘米，銎径 2.5 厘米

长骹窄叶。圆形骹，圆形銎，骹部较长；矛叶较窄，矛身两叶对称，三角形锋，前锋较钝，中脊突出；双耳残损。骹两面饰虎纹，矛叶饰云雷纹。

铜矛

战国

云阳县李家坝出土
重庆三峡博物馆藏
长 18.8 厘米

长骹窄叶。圆形骹，圆形銎，骹部较长；矛叶较窄，矛身两叶对称，矛锋残损，中脊突出，弓形单耳，一只耳残损，残留耳部末端。骹部正反两面均饰水鸟纹饰，由形似鱼、鸟头部的纹饰组合而成，鸟喙较长；骹部末端饰有一圈云雷纹。

铜矛

战国

云阳县李家坝出土
重庆三峡博物馆藏
长 23.7 厘米

长骹窄叶。圆形骹，圆形銎，骹部较长，骹上有一圆形穿孔；矛叶较窄，矛身两叶对称，三角形锋，略有锈蚀残损，中脊突出，弓形双耳。矛正反两面通体饰云雷纹，纹饰精美，制作工艺精湛。

铜矛

战国

云阳县李家坝出土

云阳博物馆藏

长 25.5 厘米，宽 3.1 厘米，骹径 2.5 厘米

长骹窄叶。圆形骹，圆形銎，骹部较长；矛叶较窄，矛身两叶对称，三角形锋，前锋较锋利，中脊突出；双耳残损，可见残留耳部末端。骹下部正反面均饰有巴蜀符号纹饰。

铜矛

战国

云阳县李家坝出土

云阳博物馆藏

长 27.7 厘米，刃宽 3.3 厘米，刃长 21 厘米，銎径 3.3 厘米

短骹窄叶。圆形骹，圆形銎，骹部较短；矛叶较窄，矛身两叶对称，三角形锋，中脊突出；双耳残损。銎口饰精美云雷纹。

铜斧

战国

云阳县李家坝出土
云阳博物馆藏
长 11 厘米，刃宽 6.6 厘米，銎长 4.2 厘米，銎宽 2.2 厘米

长方形銎，銎口不平整，曲弧刃略宽，深弧腰。銎下部铸有纹饰，其中一面铸两道双弧线、长条线和十字交叉线，另一面铸由弧形、长条形组成的长方形折角纹饰。

铜斧

战国

云阳县李家坝出土
云阳博物馆藏
长 10.7 厘米，刃宽 6.8 厘米，銎长 3.4 厘米，銎宽 2 厘米

长方形銎，曲弧刃略宽，深弧腰，素面无纹，靠銎口处铸有一“羊”字。

铜钺

战国

云阳县李家坝出土

云阳博物馆藏

长 7 厘米，刃宽 8 厘米，銎长 3 厘米，銎宽 1.9 厘米

钺身较短，扁圆形銎，弧腰，无肩，圆弧刃，銎部有一条棱，素面无纹。为越式风格的兵器。

铜钺

战国

云阳县李家坝出土

云阳博物馆藏

长 8 厘米，刃宽 4.2 厘米，銎长径 2.7 厘米，銎短径 2.2 厘米

有肩钺，巴蜀文化的典型铜兵器之一。器身呈长方形，上宽下窄，椭圆形銎口，弧肩，腰部微内束，圆弧刃，刃两侧为圆弧，骹部有棱，素面无纹。

铜斤

战国

征集
云阳博物馆藏
长 12.6 厘米，宽 4.8 厘米

器身细长，銎口近似正方形，銎部有半“T”字形纹饰，斜直腰，刃部略弧，通体素面无纹。

铜鐏

战国

云阳县李家坝出土
云阳博物馆藏
长 16 厘米，宽 4 厘米

管状，前端大，后端小，中部靠前端一侧有一圆穿。前端阴刻一圈卷云纹，中部有错银鸟纹饰，栩栩如生。

铜弩机

战国

云阳县旧县坪出土
云阳博物馆藏
长 15.8 厘米，宽 10.5 厘米

郭、望山、牙、悬刀、机塞、枢轴等各部分齐全。制作精美，保存完整。

铜箭镞

战国

云阳县李家坝出土
云阳博物馆藏
长 5 厘米，宽 2 厘米

双翼式箭镞，前锋收束为三角形，翼与脊由两处支点连接，其间中空，两翼向后形成倒刺，极具杀伤力。

铜辖軎

战国

云阳县李家坝出土
云阳博物馆藏
高 3 厘米，底径 2.4 厘米

车马器，圆形，塔状，分为四层，每层有一凸棱界隔，第四层分为三个小层。在底部的第一二层交界处有一圆形穿孔。表面鎏金。

铜雕刻器

战国

云阳县李家坝出土

云阳博物馆藏

长 6.5 厘米，宽 2.4 厘米

尾端呈长方形，四周有一圈包边，中脊突出，前端磨制尖锐，呈三棱锥状。

铜璜形饰

战国

云阳县李家坝出土
云阳博物馆藏
长 7.4 厘米，宽 1.4 厘米

璜形，中部有一圆形挂钮，通体饰卷云纹。

铜带钩

战国

征集
云阳博物馆藏
长 2.1 厘米，高 1.8 厘米，底座宽 0.9 厘米

钩头作鹤首状，钩身作鹤身状，钩尾为一圆扣。造型精美雅致。

铜带钩

战国

云阳县李家坝出土
重庆三峡博物馆藏
长 7.2 厘米，宽 3.3 厘米

钩部作龙首状，钩身上绘头尾相应的双龙图案，似龙爪用力匍匐于器表，钩尾为一圆扣。造型简单，纹饰别致。

铜印章

战国

云阳县李家坝出土
云阳博物馆藏
高 0.7 厘米，边长 12 厘米，宽 1.2 厘米

四方形器身，桥形钮，印文为巴蜀符号或巴蜀文字。

玉饰

战国

云阳县塘坊出土
云阳博物馆藏
长 8.5 厘米，宽 3.1 厘米

白玉，中空，呈扁平条形。玉饰两侧透雕凤鸟纹，造型简洁大方。表面残留涂朱砂痕。

玉韘

战国

云阳县李家坝出土
重庆三峡博物馆藏
长 4.5 厘米，宽 2.3 厘米

玉色青绿，整体呈椭圆形。其上饰有一回首的鸟雀，鸟喙与躯体连接形成小圆。造型古朴大方，线条干净流畅。韘即指扳指，为射箭时使用的护手工具，戴于拇指上，韘的正下方有一个用来扣住弓弦以便拉箭的槽，其作用是防止射箭时回抽的弓弦损伤手指。

琉璃串珠

战国

云阳县李家坝出土
云阳博物馆藏
直径 0.8 厘米 ~ 1.5 厘米

宝蓝色蜻蜓眼串饰。

云阳文物精粹

第二部分

汉至六朝·千年朐忍

Part two: Han to Six Dynasties

汉承秦制，创造了辉煌的物质文化与精神文明，而六朝又在汉的基础上延续创新，三峡地区在此阶段也迎来了发展的高峰。位于长江河畔的云阳，发展轨迹亦是如此。这一时期，云阳的政治、经济、文化蓬勃向上，欣欣向荣，呈现出繁盛之景。

秦汉时期，随着西南地区的不断开发，巴文化历经了秦汉文明强势统一和汉代大规模的人口入迁等冲击，在历史的进程中被逐渐影响、同化，使得云阳的文化面貌呈现出了本地特色同汉文化交互相融的趋势，云阳逐渐唱响了文化多元一体发展的主旋律。秦时的云阳隶属巴郡，《汉书·地理志》记载，汉武帝元封五年（公元前106年）将全国分为十三州，此时云阳一带便隶属于益州巴郡的朐忍县。

位于长江北岸的云阳旧县坪遗址，曾发现刻有“汉巴郡朐忍令景君”的颂德碑、朐忍丞印封泥等遗物，其中“汉巴郡朐忍令景云碑”是推定旧县坪遗址为汉代朐忍县城的有力证据。这块刻制于汉熹平二年（公元173年）的汉代隶书碑刻，尽管断为两截，但拼合之后，367言，不少一字，字体清晰如新。此碑形制极具特色，是巴蜀文化的典型代表，碑体雕饰精美传神，书法文字结体方整严谨，足以颉颃中原，堪称汉代西南第一碑。碑文记述了景云的祖先由楚国迁入汉中、广汉等地，景云为官“政化如神”，深得人民爱戴等情形。石碑反映了三峡地区的政治、地理、移民等历史，成为西南地区出土的一块具有重要的历史考古价值和书法艺术价值的汉碑。而景云碑的出土地点——旧县坪遗址，所代表的朐忍县城是研究三峡库区古代地方城市形态、演变的重要例证之一。朐忍县城建在长江北岸临江的狭长高地上，绵延千米，各功能区布局合理。冶铸区与制陶区分工精细，衙署区规模较大，构筑精美，建筑设施完善，显示出汉代建筑规划设计的高超水平。朐忍城址依据功能的不同，划分出不同的区域，这些区域彼此相对独立又密切关联，对于研究古代城市的发展有着重要的历史价值与科学价值。在城区内发现了较多的瓦当、板瓦、砖等汉代建材，引人注目。瓦当以泥质灰陶为主，图案繁复多变，多以卷云纹为主题纹饰。此外，还常见几何纹形（十字纹、田字纹）的花纹砖，这类纹饰通常简洁大方，彰显了汉代主流的艺术审美。同时，由人、车、马组成的汉人物车马纹画像砖，生动鲜活，颇有情趣，形象表现出了汉代车马出行的盛大场景。

汉至六朝时期，巴郡商品种类众多，粮食、蔬菜、薪炭、丹漆、布帛、盐、铁、瓷器等产品应有尽有。商品交换的频繁，刺激了货币的流通。大量汉代五铢钱的发现，是此时经济发达、商贾活动盛行的有力证据之一。发掘出土的汉代五铢钱方孔圆形，钱面篆书“五铢”二字，重如其文，钱文清晰，铸工精细。同时，大量五铢钱的发现，侧面证实了汉代铁矿的采冶和铁器的制作技术进一步发展。汉武帝设置盐铁官，实行盐铁官营专卖政策，在政策的推动下，各地开采矿石、冶炼钢铁，冶铁业蓬勃发展。云阳也出土了大量与冶铸相关的铸范、模具，如汉红陶镞范、汉陶五铢钱范等，地层中还发现了大量冶铸的箭镞、剑等兵器及铁制农具，显然此时的云阳生产力水平已经明显提高。《水经注》记载，穿云阳而过的汤溪 “翼带盐井一百所，巴川资以自给”，汉武帝盐铁官营专卖政策不仅推动了冶铁业的进步，也为云阳盐业的发展提供了条件，优良的盐卤地脉使得云阳最终成为历史上有名的盐业重镇。源起于汉代的白兔井是云阳盐业的开始，在历史长河的演绎中，它有着悠久而动人的传说。相传，刘邦同项羽逐鹿中原时，曾与将军樊哙入蜀召兵纳贤。樊哙于云阳公干时，一度饥渴难耐，忽见一白兔从河滩前跑过，樊哙张弓搭箭，欲射白兔充饥，不料白兔受伤负箭逃跑，钻进了一笼草丛。樊哙紧随而至，因身侧的草阻碍行动，便顺手将之拔掉，未料草下竟冒出一汪泉水，樊哙发觉此水又涩又咸，回去后将此事报告刘邦，刘邦知晓此泉应是上好的盐泉，于是下令务必开凿盐泉得以致用。官员扶嘉奉命开采，以土石围筑成井口，向下挖掘，直到卤水涌出。因盐泉的发现是缘于白兔，扶嘉便将第一口井命名为“白兔井”。自白兔井后，云阳盐井的开凿不断扩大，由此奠定了千年盐业重镇的基础，自此到唐宋元明清，迄至1987年的两千多年间，白兔井汲卤煮盐从未停止，创造了世界上同一盐井取卤制盐的最长历史。

云阳地处长江沿岸，资源丰富、交通便利，凭借其地理优势，在汉代就成为市镇分布密集和郡、县、军的治所之地。因其文化面貌丰富，汉代遗存数量多、规模大，空间分布密集度位居峡江地区之首。云阳境内沿江两岸和支流腹地发现的规模巨大的汉晋时期墓地、聚落，为我们探寻汉晋时期人民的生产、生活状态提供了丰富的实证。墓中出土的随葬品，一定程度上向人们揭示了汉晋时期云阳人民丰富的精神世界。汉人视死如生，因而汉代厚葬之风盛行，他们认为人死后会进入到另一个世界继续生活，为了保证亡者在另一个世界也能像生前一般生活富足安逸，在死者下葬时就会把现实生活中的各类器具作为随葬品安放到墓葬中。云阳境内发现的数千座汉晋时期墓葬的随葬品数量丰富、种类繁多，大部分属于墓主人生前所使用的生活器皿，如酱釉红陶豆、青铜蒜头壶、青铜耳杯、博山炉等。在数量众多的墓葬中，以丝栗包墓地出土的随葬品最为精美，特别是其中一件青铜博山炉，保存完整。我国古代有焚香的习俗，或燃香洁室，或熏衣染被，而博山炉是中国汉、晋时期常见的焚香所用器具。丝栗包墓地出土的青铜博山炉，炉盖为镂雕博山造型，其工艺精湛，装饰华美。工艺和造型的巧妙结合，营造出云气环绕、香气迎面的氛围。由此可以窥见汉代云阳人，追求美观与实用相统一的精致与文雅的生活方式。

云阳汉晋时期墓葬除了随葬丰富的生活用器以外，也出土了大量反映墓主生前生活状态的明器，例如陶屋、陶灶等模型和持物立俑、乐舞俑等各类陶俑。陶屋多以夹砂灰褐陶制成，屋顶、斗檐、角柱刻画细致入微，无疑是汉代房屋建筑的真实映射，亦是汉代人民对生活的美好希冀。汉代的陶俑主要以社会各阶层的人物为塑造主题，形象生动活泼。透过乐俑专注的表情、灵动的手形，我们仿佛聆听到跨越千年的钟鼓丝弦的齐鸣之音。舞俑舒展肢体，长袖飘舞翻飞，身姿灵动起伏，形象生动地呈现了汉晋时期云阳盛世华章的社会生活。二者组合的律动之美和汉代乐舞独有的魅力，再现了汉代云阳经济繁荣、歌舞升平的盛世美景。云阳汉晋墓葬出土的随葬器物涵盖了从官吏士人到普通百姓生活的方方面面，通过这些丰富的实物，我们得以窥见汉晋时期云阳地区的政治、经济、文化、宗教、艺术风貌和汉晋朐忍县城的繁华景象。

东汉以后，中原地区战乱频繁、社会动荡不安，云阳因地处峡江地区而得以远离纷争的战火。这一时期的云阳成为一片难得的、祥和安静的世外桃源，人民生活富足而安定。

受魏晋薄葬之风的影响，这一时期墓葬的随葬品数量大大减少。随葬品以陶瓷器为主，种类有陶罐、陶壶、瓷碗、青瓷四系罐等，纹饰多以素面为主，部分附有少量的绳纹与弦纹作为装饰。两晋南北朝时期，陶俑仍作为随葬品的主流选择，工艺也逐渐发展成型，其制作技术愈加成熟，出土的陶俑面部刻画细腻、轮廓线条清晰，整件陶俑线条流畅，造型朴拙。

云阳虽处于三峡地区的崇山峻岭间，但四通八达的水上交通有利于云阳更好地吸收外来文化与工艺技术。汉晋时期的云阳抓住这一难得的机遇大力发展陶瓷手工业。东汉以后，云阳本土陶瓷产品和工艺水平与制瓷业发达的长江中下游地区相比，基本上实现了同步发展。云阳汉晋时期墓葬出土的大量精美陶瓷器充分地反映出云阳这一时期所取得的技术进步。云阳南北朝墓葬出土的青瓷盘口四系罐和南朝青瓷碗，无论样式还是质地均同中下游地区相似，其釉层均匀、釉色青绿，光亮莹润，被世人誉为瓷器中的精品。

云阳汉晋时期墓葬、聚落、城址出土的各类精美文物，再现了云阳历史上经济最繁荣、文化最灿烂的一个辉煌时代。同时，透过的这些精美文物，我们也得以窥见汉晋时期的政治制度、社会生活和大三峡文化的发展历程。

青黄釉陶鼎

汉

云阳县马粪沱出土
云阳博物馆藏
高 16.5 厘米，口径 16 厘米

圆形带盖，圜底，三足，双耳，腹部饰一圈凹弦纹。器身施青黄釉。

青黄釉带盖陶鼎

汉

征集

云阳博物馆藏

高 16 厘米，口径 16.2 厘米，最大腹径 27.4 厘米

陶鼎盖、身紧扣呈扁圆球形，鼎盖饰弦纹，鼎身为子母口，弧腹，熊形足，熊低首躬背，双蹄并立。两侧各附长环形外撇立耳，立耳中部穿长方形孔。青黄釉，釉层较薄。

青黄釉陶鼎

汉

云阳县马粪沱出土

云阳博物馆藏

高 19.5 厘米，口径 16.6 厘米

陶鼎由鼎盖、鼎身组合而成。盖面中央浅浮雕中心对称花纹，四周浅浮雕龙凤纹，鼎身设子口，口沿边对称两耳，两耳下部饰弦纹，深腹，圜底。外腹壁中央有凸弦纹一道。器外壁施青黄釉，光泽感强。

灰陶鼎

汉

云阳县马粪沱出土

云阳博物馆藏

高 22.8 厘米，口径 8.5 厘米，提梁长 15.8 厘米，提梁高 9 厘米

泥质灰陶，弧腹略有折，蹄形足，足上饰兽面。肩处设提梁，提梁呈凸字形，其上涂朱。

青黄釉红陶釜

汉

征集

云阳博物馆藏

高 12.5 厘米，口径 15.2 厘米，腹径 15.6 厘米

侈口，束颈折肩，弧腹，肩饰对称两圆耳，腹部饰三道弦纹。通身施青黄釉。

青釉红陶魁

汉

征集

云阳博物馆藏

高 6.5 厘米，口径 19 厘米，底径 11.3 厘米

食器。通身施青釉。圆体，敞口，圈足，器身右侧正中横出一龙首形把手，龙微微昂首，张口露齿。

青黄釉红陶魁

汉

云阳县马粪沱出土
云阳博物馆藏
高 12 厘米，口径 21.6 厘米，底径 14.3 厘米

食器。通身施青黄釉。器身为圆形，深腹，圈足，口处饰弦纹。器身左侧正中横出一龙首形把手，龙张口露齿。

酱釉红陶豆

汉

征集

云阳博物馆藏

高 13 厘米，盘径 11.2 厘米，底径 9.5 厘米

浅盘，圈足，柄部饰弦纹，器表施酱釉。

青黄釉红陶卮

汉

征集

云阳博物馆藏

高 7.6 厘米，口径 9.6 厘米，底径 8.3 厘米

圆筒状，有一耳，卮肩部饰弦纹，平底，外壁施青黄釉。汉代常用的饮酒器。

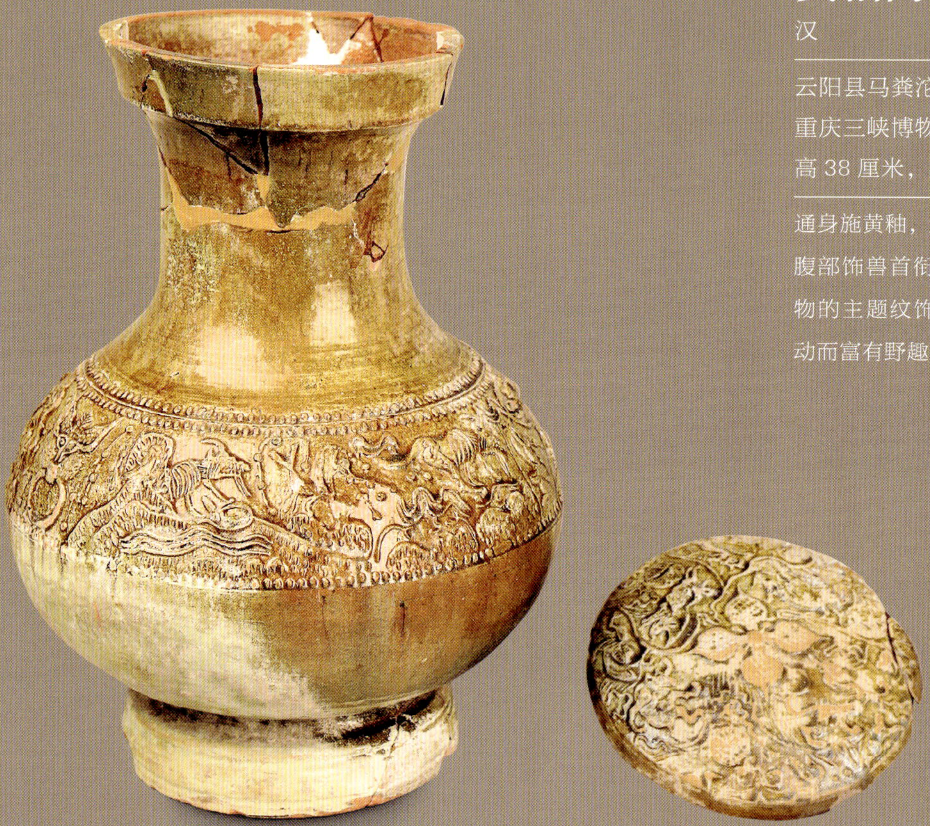

黄釉陶锺

汉

云阳县马粪沱出土

重庆三峡博物馆藏

高 38 厘米，腹径 25 厘米

通身施黄釉，盘口带盖，圆鼓腹，高圈足，腹部饰兽首衔环，以山水猛兽作为整个器物的主题纹饰，层次分明，动静结合，生动而富有野趣，为汉代陶器工艺的精品。

灰陶钫

汉

云阳县马粪沱出土

云阳博物馆藏

高 38 厘米，口径 10.5 厘米，底径 10.6 厘米，盖高 6.3 厘米

斗方状子母口盖，饰“S”形四钮。侈口，腹四角外弧，鼓腹，高圈足。肩部对称饰有兽面铺首。

红陶壶

汉

云阳县故陵出土
云阳博物馆藏
高 26.7 厘米，口径 10.8 厘米，腹径 16.3 厘米，底径 9.6 厘米

侈口长颈，弧腹圈足。肩颈处有颜料痕迹，上饰弦纹。肩部饰有铺首衔环。

灰陶罐

汉

征集
云阳博物馆藏
高 20.6 厘米，口径 12.6 厘米

泥质灰陶。侈口，短颈，鼓腹，圜底，上饰绳纹，造型质朴大方。

灰陶双系罐

汉

云阳县明月坝出土

云阳博物馆藏

高 14.8 厘米，口径 10.8 厘米，底径 9.8 厘米

泥质灰陶。双系罐侈口，束颈，深腹上部微鼓、下部斜收，平底。肩部对称置双系，系中间有一小圆孔。腹部刻划双弦纹。

青釉红陶博山炉

汉

云阳县马粪沱出土

云阳博物馆藏

高 23.8 厘米，口径 10.8 厘米，底径 12 厘米

器身施青釉，已脱落。造型简约。器体由上下两部分组成，器盖雕镂山形，顶部雕镂呈十字形，器身浅钵形，高圈足。博山炉是西汉时期常用熏香器具。

青黄釉红陶博山炉

汉

云阳县走马岭出土
云阳博物馆藏
高 12.7 厘米，口径 11.5 厘米，底径 13.4 厘米

泥质红陶。熏炉由盖、身两部分组成，盖成山形，中间及四周镂空做出烟口，出烟口做三角形整齐排列。炉身敛口、深盘、短柄、喇叭状圈足，四周镂空。通身施青黄釉。

青黄釉红陶博山炉

汉

云阳县马粪沱出土

云阳博物馆藏

高 24 厘米，底径 18.5 厘米

炉体由上下两部分组成，炉盖镂空呈山形，山峦重叠；下承以盘，盘上置柄托小盘，盛水象征海，取海上仙岛之意。

陶房

汉

云阳县扬沙出土
云阳博物馆藏
高 32 厘米，长 41 厘米，宽 10.5 厘米

陶制明器，模制，用于随葬，仅存上面部分。房体为长方形空心箱式，正面为斗拱檐架结构，檐下中立一柱，柱上施一斗三升托檐。楼外左右及正面三面围廊，廊道栏杆镂空，局部可见彩绘残存。

陶仓

汉

云阳县马粪沱出土
云阳博物馆藏
高 23.2 厘米，口径 16 厘米，底径 18 厘米

子母口，弧腹，平底，仓身上部用绳纹装饰，下部饰有密集弦纹。

陶船

汉

云阳县杨沙沱出土
云阳博物馆藏
高 13.5 厘米，长 17 厘米，宽 8 厘米

泥质红陶。陶船小巧精致，船舱略高稍狭，双层蓬顶。甲板稍稍倾斜。

乐舞陶俑

汉

云阳县石家包出土
云阳博物馆藏
高 44 厘米

泥质灰陶。俑梳扇形发髻，髻上簪花，身着右衽曳地长袍，上体前倾，左臂自然垂于体侧，右臂上举，双腿微微前屈，肢体舒展，舞姿翩跹。

乐舞陶俑

汉

云阳县佘家嘴出土
云阳博物馆藏
高 26 厘米

泥质红陶。舞俑面带微笑，头戴高帽，身着褶领长服，露出袖口。左臂微垂，右臂上举，似乎随着音乐微微摆动身躯。舞俑造型生动，神态活泼，再现汉代舞蹈艺术神韵。

踞坐陶俑

汉

云阳县张家嘴出土

云阳博物馆藏

高 18.1 厘米

泥质红陶。陶俑踞坐，面带微笑，欢愉恬然。头戴竖巾，身着褶领长袍，左手放于膝头，右手微微抚颈。

吹箫人物陶俑

汉

云阳县富衣井出土

云阳博物馆藏

高 17.5 厘米

泥质灰陶。戴帽人物跽坐，双手执萧吹奏。汉墓中吹箫俑常和乐舞俑等组合出现。

陶镇墓兽

汉

云阳县石家包出土

云阳博物馆藏

高 22 厘米

陶制明器，用于随葬。双角垂长舌人面形象。镇墓兽用于避邪，以佑护死者亡魂。镇墓兽最早见于战国楚墓，盛行于魏晋至隋唐时期，五代以后逐步消失。

陶鸡

汉

云阳县富衣井出土
云阳博物馆藏
高 20 厘米，长 18.5 厘米，宽 10 厘米

泥质红陶。母鸡昂首挺立，面向前方，尾羽微翘。稚嫩的小鸡匍匐在母亲背上，立体化展现出母鸡带着刚出生的小鸡其乐融融的温馨场景。

陶猪

汉

云阳县佘家嘴出土

云阳博物馆藏

高 14.5 厘米，长 26 厘米，宽 10 厘米

泥质红陶。陶猪头微低，吻突上翘，膀肥腰圆，四肢短促，短尾微卷，尾部有一小穿孔。

陶狗

汉

云阳县马粪沱出土

云阳博物馆藏

高 23 厘米，长 27.5 厘米，宽 11 厘米

泥质灰陶。陶狗面目警觉栩栩如生，双耳竖立，昂头呈犬吠状，尾巴卷翘，四足站立。

陶穿山甲

汉

云阳县大地坪出土
云阳博物馆藏
高 6.5 厘米，长 19.5 厘米，宽 6 厘米

泥质灰陶，局部残有涂朱。穿山甲平视前方，尾巴扁长，四肢粗短，背部刻划圆圈表示其厚厚的鳞甲，形象生动。

狩猎纹画像砖

汉

征集

云阳博物馆藏

长 37.9 厘米，宽 8.6 厘米，厚 20.7 厘米

灰陶质，砖体长方形。砖侧面模印狩猎纹图案。纹饰分左右两部分，左面一人持武器昂首，另外两人低首捕猎，动物作奔跑状。右面两人围猎一动物，动物仓促闪躲。整个画面极富动感。

“吉夏宜官秩”墓砖

汉

征集

云阳博物馆藏

长 45.7 厘米，宽 10.5 厘米，厚 21.4 厘米

泥质灰陶。造型质朴，阳文刻写“吉夏宜官秩”几字。

狩猎纹画像砖

汉

征集

云阳博物馆藏

长 38 厘米，宽 8.8 厘米，厚 19.8 厘米

灰陶质，砖体长方形。砖侧面模印狩猎图案。画面中心三人踞坐，左右两侧三人，或背弓搭箭，或手持武器追捕野兽，形神兼备，趣味十足。

车马纹画像砖

汉

征集

云阳博物馆藏

长 41.4 厘米，宽 10.3 厘米，厚 9 厘米

灰陶质，模印图案。砖侧面以一匹骏马俯首拉车构图，马车用车轮抽象代表，两侧以几何形纹饰装点，简约而生动。

人面纹瓦当

汉

征集

云阳博物馆藏

直径 16.5 厘米，廓厚 5.7 厘米

泥质灰陶，内区人面居于中央，外区饰四组“T”字形卷云纹装饰突出人面，人面眉毛细弯，眼角向下，鼻梁挺直，延伸至额部。圆形面颊凸起，方形口。瓦当有保护、装饰建筑物的作用。

“万岁未央”瓦当

汉

云阳旧县坪出土

云阳博物馆藏

直径 15.2 厘米，廓厚 4.2 厘米

泥质红陶。通体呈圆形，无格界，当面“万岁未央”四篆字分置其中，字体随外廓圆形变化而变化。

陶权

汉

云阳县旧县坪出土

云阳博物馆藏

高 13.5 厘米，上宽 5.1 厘米，下宽 8.5 厘米

泥质灰陶。呈梯形，权正面中部刻有“太”字，上部正中有一小孔。

五铢钱范

汉

云阳县旧县坪出土

云阳博物馆藏

残长 11 厘米，残宽 8.5 厘米，厚 0.5 厘米

五铢钱范，残，范正面排列整齐钱币图案。钱币方孔圆形，钱文严谨规矩，“五铢”二字修长秀丽。

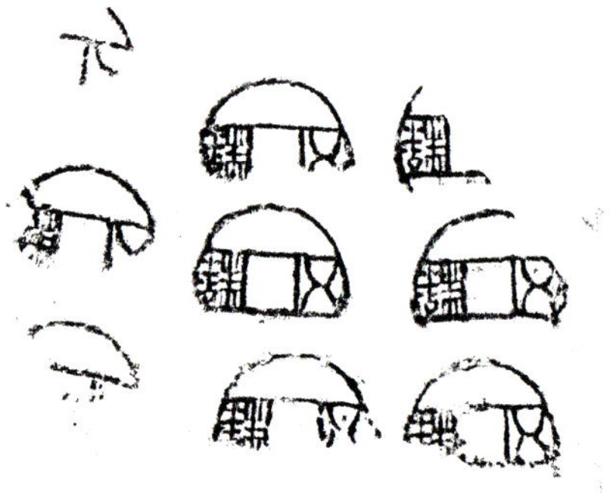

陶钱范

汉

云阳县李家坝出土
云阳博物馆藏
长 49 厘米，宽 17 厘米，厚 5.8 厘米

陶质。钱范外形为长方体，断至三截。左侧有一浇铸口，由铸槽相连，铸槽一分为三至底部。钱币模型整齐排列，形制为方孔圆形。

陶戈范

汉

云阳旧县坪出土
重庆三峡博物馆藏
长 31.5 厘米，宽 19.2 厘米

泥质红陶。陶范整体呈凸字形，背面随意刻划几何纹饰。范内可见清晰的戈形凹痕。

镞石范

汉

云阳县旧县坪出土

云阳博物馆藏

高 2.5 厘米，长 14.2 厘米，宽 4 厘米

石质，范内有箭镞形状凹痕。

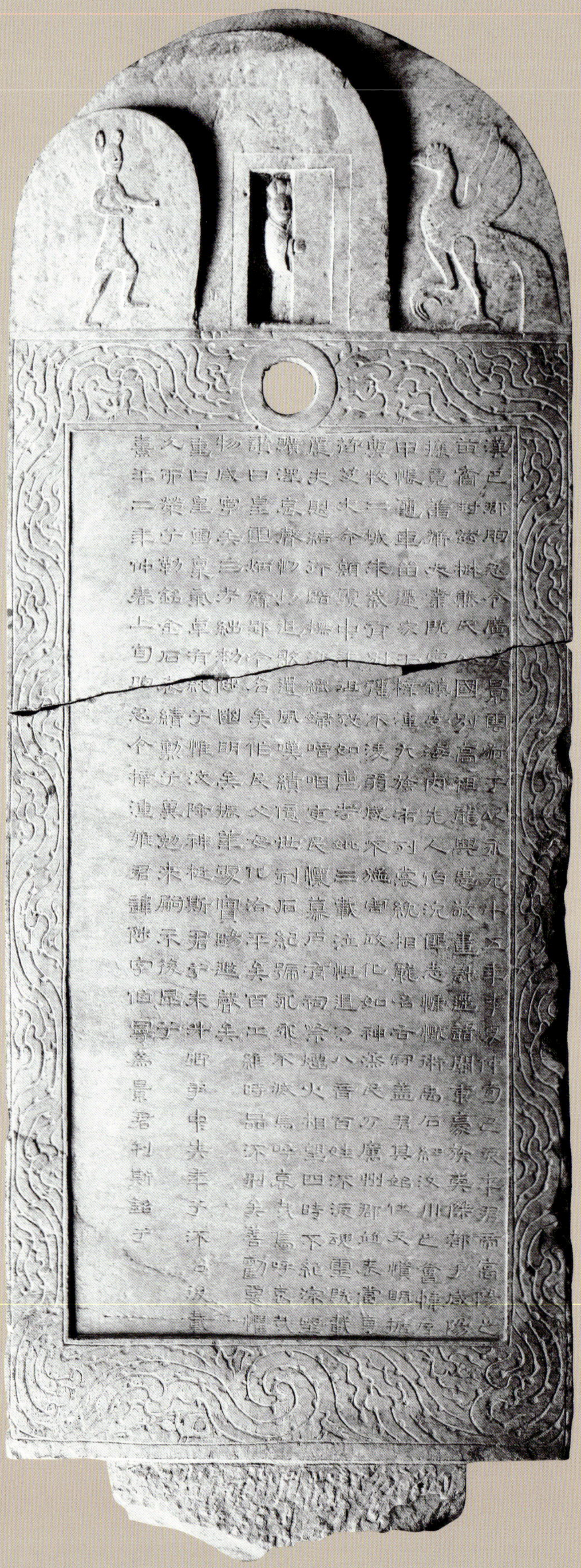

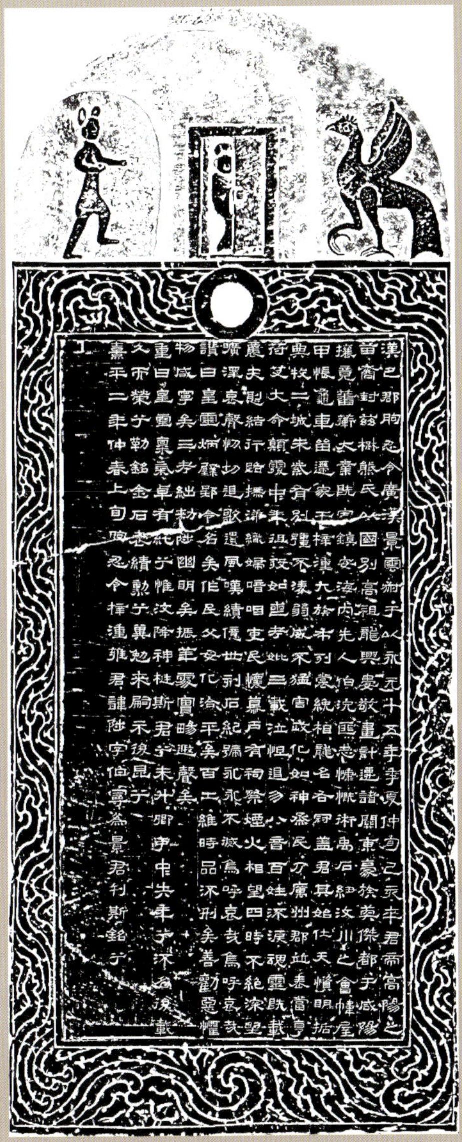

巴郡朐忍令景云石碑

东汉

云阳旧县坪出土

重庆三峡博物馆藏

高 239 厘米，宽 93 厘米，厚 21 厘米

浅灰色细砂岩，碑额正中雕刻妇人倚门像，左右为朱雀和兔首人身像，碑侧浮雕青龙、白虎。碑面打磨光滑，中间为隶书碑文，共 13 行 367 字，具有相当高的艺术价值。

此碑为东汉朐忍令雍陟于熹平二年（公元 173 年）为纪念同乡的前朐忍令景云而立。碑文记述了景云为官“政化如神”，深得人民爱戴等情形。石碑反映了三峡地区的政治、地理、移民等史实，是目前三峡地区唯一出土的汉碑，具有极高的历史与文化价值。

原文：汉巴郡朐忍令广汉景云叔于，以永元十五年季夏仲旬己亥卒。君帝高阳之苗，封兹（楚）熊，氏以国别。高祖龙兴，娄敬画计，迁诸关东豪族英杰，都于咸阳，攘竟（境）蕃（藩）衞（卫）。大业既定，镇安海内。

先人伯况，匪志慷慨。术禹石纽，汶川之会。帏屋（帷幄）甲帐（帐），龟车留遰（滞）。家于梓潼（潼），六族布列。裳絻相袭，名右冠盖。

君其始仕，天（资）明（哲），典牧二城，朱紫有别。强不凌弱，威不猛害。政化如神，烝民乃厉。州郡竝（并）表，当亨（享）符支（艾）。大命颠（覆），中年。如（丧）考妣，三载泣。勿八音，百姓（流）泪。魂灵既载，农夫恻结；行路抚涕，织妇喑咽。吏民怀慕，户有祠祭；烟火相望，四时不绝。深（野）旷泽，哀声忉切。追歌遗风，叹绩亿世。刻石记号，永永不灭。呜呼哀哉！呜呼哀哉！

赞曰：皇灵炳璧，令名矣。作民父母，化洽平矣。百工维时，品（流）刑（形）矣。善劝恶惧，物咸宁矣。三考（敕），幽名矣。振华处实，畼（畅）遐声矣。

重曰：皇灵（禀）气，卓有纯兮。惟汶降神，斯君兮。未升卿尹，中失年兮。流名后载，久而荣兮。勒铭金石，表绩勋兮。冀勉来嗣，示后昆兮。

熹平二年仲春上旬，朐忍令梓潼雍君讳陟，字伯曼，为景君刊斯铭矣。

铜鼎

汉

云阳县走马岭出土

云阳博物馆藏

高 20.7 厘米，口径 15.8 厘米，耳高 6.5 厘米，耳宽 4.2 厘米

器身浑圆，带盖，双耳，三蹄足，盖上有三个半圆形小捉手，腹部饰一周凸弦纹，造型质朴。

双耳铜钫

汉

云阳县张家嘴出土
云阳博物馆藏
通高 36.5 厘米，口径 9.3 厘米，
底长 10.6 厘米，底宽 9 厘米

方体，侈口带盖，斜肩，鼓腹下敛，圈足，两侧带有兽面铺首衔环，长方形高圈足。

铜甑

汉

征集

云阳博物馆藏

高 19.5 厘米，口径 29.2 厘米，底径 15.4 厘米

侈口深腹，腹部有两个兽面铺首衔环耳，圈足，上腹部饰有两周凸弦纹。甑通常与釜一起组合出现，釜甑为蒸煮食物之器，上为甑，下为釜，上下套合使用。

双耳铜釜

汉

云阳县石家包出土

云阳博物馆藏

高 10.3 厘米，口径 19.7 厘米，耳高 1.3 厘米

敛口，圜底，两侧各有一对半圆形立耳。

双耳铜釜

汉

云阳县李家坝出土

云阳博物馆藏

高 18.7 厘米，口径 20.7 厘米

侈口束颈，鼓腹圜底，辫索纹双耳，腹部饰有两圈凸弦纹。

带把铜鋬斗

汉

云阳县李家坝出土

云阳博物馆藏

高 13.2 厘米，口径 13.5 厘米，柄长 8.6 厘米

单耳鋬形，侈口，圆腹，圜底，耳另一侧横长柄，腹部饰两周凸弦纹。

铜洗

汉

征集

云阳博物馆藏

高 15.1 厘米，口径 29.7 厘米，底径 17.5 厘米

侈口敛腹，平底，两侧有小耳，内底有“宜侯王”三字铭文，铭文外两侧饰有乳钉纹。

铜洗

汉

征集

云阳博物馆藏

高 19.5 厘米，口径 29.2 厘米，底径 15.4 厘米

侈口鼓腹，圜底，腹部饰有条带状凹纹，两侧有兽面小耳，怒目圆睁。

双耳铜洗

汉

云阳县马粪沱出土
云阳博物馆藏
高 11 厘米，口径 25.4 厘米，底径 14.6 厘米

侈口，弧腹斜收，平底，腹部饰有两圈并排较粗的凹弦纹，两侧有兽面铺首衔环，为汉代流行的盥洗器。

蒜头铜壶

汉

征集

云阳博物馆藏

高 30.2 厘米，口径 3.4 厘米，腹径 9.5 厘米，底径 10.3 厘米

蒜头，直口，长颈鼓腹，圈足，素面，颈部中央饰一圈凸棱。

蒜头铜壶

汉

征集

云阳博物馆藏

高 12.5 厘米，底径 9.5 厘米，口径 3.3 厘米，腹径 13 厘米

蒜头，直口，鼓腹，圈足，素面，颈部中央饰一周条带状凸起纹饰，带上饰一圈圆状凸棱。

铜碗

汉

云阳县佘家嘴出土

云阳博物馆藏

高 6 厘米，口径 9.7 厘米，底径 5.8 厘米

敞口，下腹部斜收，高圈足，腹部上饰有两圈平行凸弦纹，造型稚巧。

铜耳杯

汉

云阳县李家坝出土
云阳博物馆藏
高 2 厘米，杯口长 8.8 厘米，杯口宽 7 厘米，
耳长 4.5 厘米，耳宽 1 厘米

杯口呈椭圆形，口沿两侧各有一半月形的耳，杯内底部饰鱼纹，张嘴摆尾，鱼鳞刻纹清晰，生动形象。耳杯又称羽觞，为饮酒器。

铜卮

汉

云阳县赵家嘴出土

云阳博物馆藏

高 9.9 厘米，口径 10 厘米，底径 9 厘米，耳长 3.8 厘米，耳宽 2.4 厘米

圆形直腹，器身饰两组凹弦纹，三足略外撇，环形单耳，器耳上附横直鋬手。

铜勺

汉

云阳县张家嘴出土
云阳博物馆藏
长 16.7 厘米，宽 5 厘米

曲柄，勺柄顶部饰有凤首。

铜鐎斗

汉

云阳县佘家嘴出土

云阳博物馆藏

高 4 厘米，长 36.5 厘米，宽 16 厘米，柄长 22 厘米

圆形平底，宽口沿，长柄，柄部顶端饰有兽首。

铜环首刀

汉

云阳县丝栗包出土

云阳博物馆藏

刀身长 30 厘米，宽 1.5 厘米，环首宽 4 厘米，环宽高 3.4 厘米

环首平背，偏锋弧刀，通体饰错金银波浪纹，精美华贵。其工艺是先在胎质上铸刻出浅凹的图案，并在凹槽底部凿出糙面，加热金片或金银丝，再将金片或金银丝压入凹槽内，最后逐次加水错磨，抛光成器。

楚式铜剑

汉

云阳县走马岭出土

云阳博物馆藏

长 57.2 厘米，宽 5 厘米，柄长 10 厘米

楚式剑，剑身较长，中脊线突出，前锋收束为三角形，刃部锋利，剑柄为圆首，中空，圆茎上下等粗。

铜马镫

汉

征集

云阳博物馆藏

长 22.4 厘米，宽 11.7 厘米

近梯形扁平柄，柄中下部有长方形穿孔，体近似鸭蛋形，宽平沿，踏部弧曲。铜质纯净，色泽光润，造型精致。

铜当卢

汉

云阳县丝栗包出土

云阳博物馆藏

长 3 厘米，宽 1.6 厘米

柳叶形，尾端和顶端中部各有一穿孔，其中两件顶端右侧分别各有一穿孔。正面鎏金，较为精美，背面青灰色。

铜马

汉

云阳县扬沙出土

云阳博物馆藏

高 91 厘米，长 83.5 厘米，宽 21.6 厘米

马首微扬，双目圆睁，张口嘶鸣，鬃毛耸立。马尾飞扬，右蹄微抬作奔跑状。铜马由范铸拼接而成，体量巨大，生动逼真。

铜雀

汉

云阳县扬沙出土
云阳博物馆藏
高 7.5 厘米，长 13.6 厘米，宽 8 厘米，厚 3.7 厘米

昂首翘尾，张目敛翅屈卧，鸟喙衔含一枚果实，似要下咽，造型生动自然，活灵活现。

铜灯

汉

云阳县塘坊出土
云阳博物馆藏
高 17.1 厘米，口径 9.3 厘米，底径 9.5 厘米

浅盘，盘中立有烛钎，喇叭形底座，灯把由一粗一细相连而成，细把似从粗把中生长而出。

铜三足灯

汉

云阳县张家嘴出土
云阳博物馆藏
高 5.7 厘米，口径 11.7 厘米，底径 10 厘米，耳高 1 厘米，耳宽 1.6 厘米

浅圆灯盘，直口平底，三足三立耳。

铜羊灯

汉

云阳县丝栗包出土

云阳博物馆藏

高 20 厘米，长 14.8 厘米，宽 7.3 厘米

卧羊状铜灯，昂首屈卧，双角卷曲上翘，身躯浑圆，憨态可掬。背部为可开启的灯盘，其间中空可存放油脂。

铜带钩

汉

云阳县丝栗包出土

云阳博物馆藏

高 3.2 厘米，长 17 厘米，宽 6.3 厘米

通体鎏金，龙、虎、豹三兽狰狞欲斗，躯干相连，以龙首作钩，整体造型威武而富有活力。

昭明铜镜

汉

征集

云阳博物馆藏

直径 11.4 厘米，厚 0.9 厘米

圆形，黑亮如漆，镜面微凸，背面中央为圆钮圆座，钮座周围饰以内向连孤纹，边为宽素缘，内有“内清质以昭明，光辉向夫日月，心忽扬而愿忠，然雍塞而不泄”铭文，字体方折，造型古朴，工艺精湛。主要流行于汉宣帝至王莽前。

四凤铜镜

汉

云阳县丝栗包出土

云阳博物馆藏

直径 10.6 厘米，厚 0.3 厘米

圆钮，钮座外以双线方格围绕，内区以规矩纹分为四区，主要饰有四只振翅飞翔的凤鸟，其外饰有一周波折纹，镜背层次分明，虚实相宜。

四乳八鸟镜

汉

征集

云阳博物馆藏

直径 17.2 厘米，厚 1.1 厘米

圆纽，光芒纹纽座，中圈饰四个对等带底座乳钉，有较强的立体感，两乳钉之间饰有四个翻腾跃动的虺纹，纹饰内外各有一圈栉齿纹，平素宽沿。

军假侯印

汉

云阳县旧县坪出土
云阳博物馆藏
高 2.4 厘米，边长 2.3 厘米，宽 2.3 厘米

铜质，官印。方形，鼻钮，呈青绿色，表面布有铜斑，印底刻“军假侯印”汉篆字体。

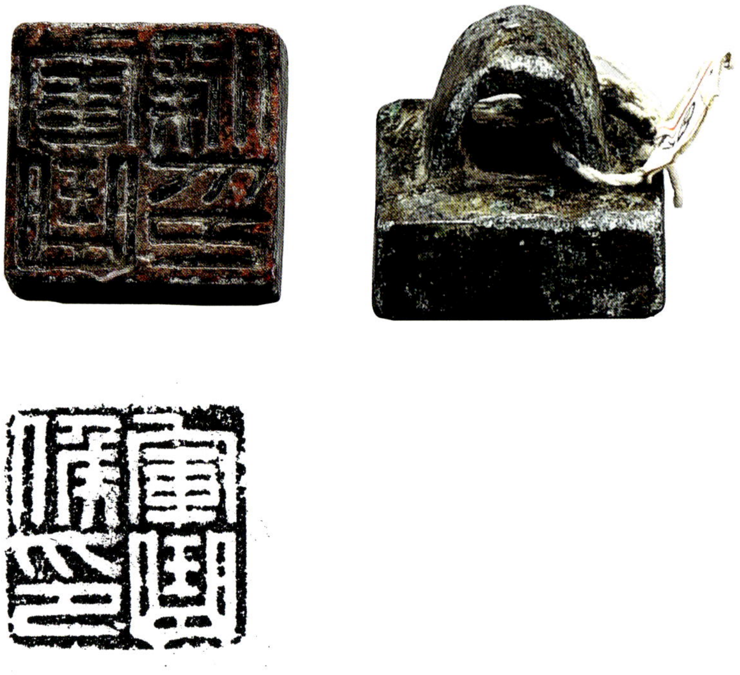

军曲侯印

汉

云阳县旧县坪出土

云阳博物馆藏

高 2.1 厘米，边长 2.3 厘米，宽 2.3 厘米

铜质官印，方形，鼻钮，印文“军曲侯印”汉篆字体。

蛮夷邑长印

汉

云阳县旧县坪遗址出土

云阳博物馆藏

长 2.3 厘米，宽 2.3 厘米，高 2.5 厘米

铜质，官印，青铜铸制。方形，台钮，印文“蛮夷邑长”汉篆字体，白文，两竖行排列。

朐忍丞印封泥

汉

云阳县李家坝出土

重庆三峡博物馆藏

直径 2.9 厘米，厚 1 厘米

陶质。灰褐陶，近圆形，边缘不规则，印文框近方形，正中模印“朐忍丞印”篆体印文。

玉璧

汉

云阳县李家坝出土
云阳博物馆藏
外径 9.3 厘米，内径 3.7 厘米，厚 0.4 厘米

青玉，整体为圆形，内开圆孔。浅浮雕排列整齐的四圈谷纹，紧密晶莹。

玉璧

汉

云阳县李家坝出土
云阳博物馆藏
外径 9.3 厘米，内径 3.3 厘米，厚 0.3 厘米

青玉，玉质精美通透，边缘有深褐色沁。玉璧正反两面刻有排列整齐的四圈谷纹，内外两圈以阴刻线装饰。

玉剑璏

汉

云阳县丝栗包出土

云阳博物馆藏

长 7.8 厘米，宽 2.4 厘米

长方形带穿，正面饰卷云纹，沁呈鸡骨白色兼有黑褐色。

玉猪握

汉

云阳县丝栗包出土
云阳博物馆藏
长 9.9 厘米，宽 2.4 厘米

青玉，上有土黄色玉沁。卧猪形圆柱状。器身雕刻线条简练，简练地表现猪的双耳、四肢等各部位轮廓，形态生动。

玉蝉

汉

云阳县杨沙沱出土
云阳博物馆藏
长 6.7 厘米，宽 3.5 厘米

青玉，玉质光洁莹润。玉蝉雕成正菱形，体扁薄，头、翼、腹用粗阴线刻划，蝉眼凸于轮廓之外，背部双翼左右对称，尾作弧形渐收。玉蝉尖端见锋，线条挺秀，可见“汉八刀”之古韵。

青瓷洗

南北朝

云阳县旧县坪出土

云阳博物馆藏

高 12.8 厘米，口径 38.5 厘米，腹径 22.7 厘米，底径 37.4 厘米

青釉，有少量脱落，表面有流釉滴痕，方唇，宽折沿，腹微鼓，平底。腹部饰三道凹弦纹。

青瓷洗

南北朝

云阳县佘家嘴出土
云阳博物馆藏
高 2 厘米，直径 14.7 厘米

青釉，圆唇，敞口，浅盘，平底。
盘内可见叠烧残留的支钉痕迹。

青瓷钵

南北朝

征集

云阳博物馆藏

高 5.4 厘米，口径 5 厘米，底径 8.5 厘米

青釉，小开片，敞口，弧腹，饼形平底。

青瓷钵

南北朝

云阳县塘坊出土

云阳博物馆藏

高 6.3 厘米，口径 17.2 厘米，底径 10.2 厘米

器身釉层较薄，圆唇，敞口，弧腹斜收，平底。

青瓷四系罐

南北朝

云阳县余家包出土

云阳博物馆藏

高 20.6 厘米，口径 24.1 厘米，腹径 27 厘米，底径 16.8 厘米

侈口，束颈，上腹弧鼓，斜收，平底。肩部饰两对对称的桥形竖耳，由捏制后贴于器身。

青瓷盘口壶

南北朝

云阳县佘家嘴出土

云阳博物馆藏

高 12.2 厘米，口径 12.4 厘米，

腹径 14.4 厘米，底径 13 厘米

盘口，束长颈，扁圆腹下垂，平底，

器身遍施青釉。

青瓷盘口四系壶

南北朝

云阳县打望包出土

云阳博物馆藏

高 22 厘米，口径 11 厘米，

腹径 16.8 厘米，底径 12.1 厘米

下腹部以上施青黄釉，盘口，束长颈，

弧腹斜收，平底。肩部饰对称的四个

桥形横耳，并饰有一周弦纹。

青瓷四系盘口壶

南北朝

云阳县李家坝出土
云阳博物馆藏
高 10.2 厘米，口径 4.5 厘米，
底径 4.5 厘米，腹径 10.2 厘米

盘口，束颈，球腹，平底，器型浑圆，丰满。肩部饰有两两对称的四个桥形横耳，腹部绘有六枝朵花纹。

青瓷盘口执壶

南北朝

云阳县佘家嘴出土
云阳博物馆藏
通高 21.7 厘米，口径 8.5 厘米，
腹径 15 厘米，底径 12 厘米

盘口，束颈，鼓腹斜收，平底。肩部饰两个对称的桥形横耳，短流，呈鸡首状，把与流相对。

青瓷盘口执壶

南北朝

云阳县塘坊出土

云阳博物馆藏

通高 32 厘米，口径 11.1 厘米，腹径 28.5 厘米，底径 16.6 厘米，流长 5.6 厘米

盘口，束颈，颈部稍长，弧肩，斜直腹，平底。肩部饰两个对称的桥形横耳，短流，呈鸡首状，把与流相对。

青瓷执壶

南北朝

云阳县佘家嘴出土

云阳博物馆藏

通高 18.6 厘米，口径 14.8 厘米，腹径 16.8 厘米，底径 15.6 厘米，流长 2.4 厘米

圆唇，直口，宽流，高领，溜肩，球腹，平底。肩上有对称两桥形横纽。饰数道凹弦纹。

云阳文物精粹

第三部分

唐宋·盛世云安

Part three: Tang and Song Dynasties

唐宋时期的云阳逐渐形成了既有峡江地区的大区域文化特色，又兼具云阳自身魅力的文化风格。三峡大坝工程淹没区考古发掘的明月坝、云安盐场、佘家嘴、马沱、扬沙村、石家包、晒经等唐宋时期的墓地、聚落遗址，不仅揭露出丰富的建筑遗存、墓葬，也出土了大量瓷器、铜器、钱币、铁器、石刻造像以及建筑材料等类别的遗物。透过这些丰富的遗迹、遗物，我们得以再现唐宋时期“盛世云安”的繁荣景象。

云安盐场遗址坐落于云安镇汤溪河两岸台地上，是古云安市镇形成与发展的核心盐场，其盐业资源的开发使得云安早至两汉时期便成为汤溪河流域最重要的资源开发型中心聚落。唐贞元元年（公元785年），政府在云安盐场设立云安监以管理盐政，云安成为唐王朝最重要的盐场之一，也成为三峡地区最为繁华的市镇。安史之乱致使北方经济中心南移，导致当时大量的人口迁往三峡地区。南迁进入峡江地区的文人志士以及移民带来的资本和技术，极大地促进了峡江地区的经济、文化发展，云阳亦从中获益并获得大发展的机遇。唐代宗时，朝廷颁布了限定海盐销售区域和大幅度提高井盐价格的政策。同这一政策相关的便是自唐代晚期起逐渐形成的行盐地界制度。戴裔煊《宋代钞盐制度研究》一书中解释为：“中国盐政有一种特殊制度，为世界所无者，乃为行盐地界制度。某产区之盐，限定行销于某区域，有一定疆界，不许越雷池一步，越界有禁，出境受罚。”云安当时属于川陕井盐销售区。这些政令无疑促进了井盐生产，而大量优质的井盐催生了盐场的繁荣，也促进了贸易的产生。杜甫曾寓居云安，作下《十二月一日三首》，其中“寒径市上山烟碧，日满楼前江雾黄。负盐出井此溪女，打鼓划船何郡郎”的诗句，便是对河畔运盐船队穿梭如织的繁忙景象的描绘。《云阳县志》中提到：“约在唐宋时期形成云安街市，有主街一条，小巷数条，除熬盐厂房外，有居民近百户，为食盐而生产、运销服务的商家十余家。”当地的男孩子长大成人之后，多选择或投身盐场，或为盐从商，可见兴盛的盐业一直是云安经济发展的中流砥柱。云安盐场遗址曾清理出包括石头砌筑的房屋基址、天井、排水系统等在内的十分讲究的宋代建筑。而历史上，宋开宝六年(公元973年)，云安县升云安军，领云安县、云安监，属于军政合一的市镇。宋元时期，云安监一直隶属于云安军，行政机构的设置直接反映了云安盐在全国占有的重要地位，这时云安监的年盐产量约814000斤，在全国盐总产量中占据了相当大的比重。

澎溪河流域的李家坝遗址是一处因云安井盐中转集散而发展起来的中心聚落。1995年，李家坝遗址Ⅰ区汉代文化层出土一枚“朐忍丞印”封泥，表明李家坝可能已经驻有“朐忍丞”所辖的某级机构。李家坝遗址的地理位置既非战略要地，又无井盐一类的自然资源出产地，因此推测这一机构的派驻或与云安盐场的中转集散有关。大约在六朝晚期，澎溪河改道形成的江水冲刷，使得李家坝台地面积日益缩小，至唐初，李家坝中心聚落的功能逐渐被明月坝市镇所取代。

云阳明月坝遗址是一处反映云阳唐宋集镇市民生活的重要发现，是我国迄今为止，唯一一处大规模揭露出的唐宋市镇遗存，对于认识唐宋时期基层聚落的社会百态具有十分重要的价值。明月坝遗址位于长江北岸支流澎溪河的台地上，东、北、南三面环水，西部与走马岭相接，群山连绵间有道路与万州相接。明月坝遗址清理出唐宋时期的寺庙、官署、店肆、道路、墓葬等丰富的市镇遗存。衙署建筑占据着明月坝台地的最佳位置，居高临下，易于监控澎溪河往来运输。市镇不设镇墙，以码头为市镇的外延空间布局，主码头居市镇中间位置。明月坝遗址诸多建筑基址和建筑材料的发现，证实明月坝集镇在唐代晚期就已经成为设有衙署的“镇”级机构所在地。市镇的设立是因为明月坝拥有的地理交通优势。明月坝市镇是因云安井盐的中转集散而逐渐形成并最终发展成镇级规模。

唐代的明月坝市镇承担着通往唐开州、通州等地的盐运和其他物资的中转功能，而宋以后，因云安盐场产量大幅提高，经明月坝转运的州县也随之增多，新增有新宁、梁山、达县、东乡等县。唐宋时期，中国瓷器烧造迅速发展，瓷制器物几乎无所不备，制作精细，造型多样，远胜于前，瓷器已经成为从上层社会到黎民百姓的日常生活用品。明月坝遗址出土有大量四川邛窑，重庆涂山窑，浙江越窑、龙泉窑，河北定窑、邢窑，湖南长沙窑、湘阴窑等各地窑口的瓷器，这些来源丰富的瓷器无疑彰显着当地经济的欣荣和对外交流的繁盛。

云阳境内唐宋时期的大型市镇、聚落遗址数量多，分布密集，其中以明月坝、乔家院子两座遗址规模大，遗迹丰富。明月坝遗址出土了大量唐代建筑材料，主要以素面筒瓦、板瓦和莲花纹瓦当为主，无论造型还是花纹特征都与当时长安地区区别不大，从中反映出云阳拥有与京畿地区同步的制砖、制瓦技术和建筑审美。同样于云阳发现的丝栗包遗址位于长江和澎溪河交汇处的台地上，遗迹年代早至商周时期，其唐宋时期的遗存堆积亦非常丰富。遗址出土有唐代的建材，即黄土铺地和砖石铺地这两种建筑形式，宋代则以石构建筑为主。遗址出土的瓦当形制繁复，纹饰多样，有宝相莲花纹、兽面纹等，与明月坝遗址出土瓦当风格基本一致。遗址的规模和出土遗存的文化因素显示，这是一处连接长江干流和澎溪河支流的市集遗存，在六朝时便发展成为长江与澎溪河交汇处的一处中心聚落，唐宋时期更是成为明月坝市镇自澎溪河驶入长江的重要中转站。

王侯将相的生活用具最能体现出整个时代的至高水平，而基层聚落、市镇的日常生活用品则可以展示出社会生活的大众样态。唐宋时期云阳的文化特色与社会经济繁荣，通过考古发掘的实证材料可以较为清晰地解读出来。云阳境内市镇遗址大量出土的房屋建筑基址、建筑材料、日常生活用具等，不仅可以反映出当时市镇的规模，也可以窥探平民阶层的社会生活以及与外部世界的贸易往来。如透过瓦当，我们可以了解唐宋云阳的建筑风格与建筑水平。瓦当是唐宋时期主要的建筑材料之一，唐代云阳的基层聚落建筑已经开始比较普遍地使用莲花纹瓦当，而宋代瓦当纹饰丰富多样，主要流行花叶纹、兽面纹、人面纹、双喜纹等。云阳境内的几处唐宋市镇遗址还出土有大量的筒瓦、板瓦、脊兽、兽面砖、滴水、柱础石等类别的建筑材料，由此可以看出，在井盐资源开发的带动下，云阳境内的许多基层聚落、集镇的功能已经发生了改变，特别是一些位于交通要冲或井盐资源开发地的集镇已经升级为区域性的商品集散与转运中心。

青铜镜是唐宋时期百姓，尤其是女子日常生活中不可或缺的实用器物。铁器也是此时期的重要出土物之一，种类有叉、矛、锸、刀、镰、铲等。伴随着科技的进步，铁器的普及无疑为人们提供了更大的生活生产便利。而经济的往来必然少不了各式钱币的流通，如唐开元通宝、宋大观通宝等在云阳唐宋时期的遗址中均不少见。

瓷器是这一时期的主要发现器物，青瓷居多，也可见白瓷等其他瓷色，其种类有碗、盘、碟、罐、盒、香炉、博山炉、纺轮、埙等。透过这些遗址丰富的考古材料可以发现唐宋时期各个市镇间此呼彼应，共同勾勒出唐宋时期云阳市镇文化的风貌。特别是唐宋时期的云阳，唐代宗时实行的“行盐地界”和提高井盐价格等措施，使得井盐的开凿有利可图，从而促进了云阳井盐的大规模开发，极大地刺激了云阳和峡江地区的社会与经济发展。

唐代中晚期以后，随着经济中心的持续南移和城市坊市制度的崩溃，全国范围内上至都城、下到基层聚落和商业流通都突破了从前的各种各样的束缚，商品经济在中国广大的土地上逐渐孕育成长。经济环境的改善，各类商品得以在远距离流通，使得这些遍布全国各地的市镇文化具有很强的共性。小农经济及商品经济的空前繁荣也促使各市镇间人员、物资往来频繁，而各市镇所处的不同地理环境、资源以及特色产品等因素，又促进了各市镇在发展过程中形成自己的独特优势与风格。这一时期，云阳以井盐资源开发和长江水上交通所形成的独具峡江特点的人文风貌，形成了经济上、文化上全面超越汉晋时期成就的“盛世云安”。

青瓷钵

唐

云阳县余家包出土
云阳博物馆藏
高 14.3 厘米，口径 22.6 厘米，底径 5.7 厘米，腹径 24.3 厘米

敛口，鼓腹，平底。腹部饰以莲瓣，似从碗心处生长盛放，托承钵体，其上饰一周枝叶纹，舒展连绵，造型优美，兼具实用性。

青瓷钵

唐

云阳县明月坝出土
云阳博物馆藏
高 14.8 厘米，口径 10.6 厘米，
腹径 16 厘米，底径 9.8 厘米

敛口，鼓腹，除近底部呈红褐色外，器表上施满乳白色化妆土，粉质感重。

青瓷钵

唐

云阳县明月坝出土
云阳博物馆藏
高 6.1 厘米，口径 8.5 厘米，底径 3.2 厘米

近直口，弧腹，小圈足，施釉均匀，釉色温润。器身下部和圈足部分露白胎。

青瓷碗

唐

征集

云阳博物馆藏

高 8.9 厘米，口径 14.9 厘米，底径 7.6 厘米

敞口，斜弧腹，莲瓣刻画明显，浮雕效果使碗似从莲花中生长而来，层次分明。

青瓷碗

唐

云阳县明月坝出土

云阳博物馆藏

高 5.3 厘米，口径 15.1 厘米，底径 6.4 厘米

敞口，弧腹，圈足，施青褐色釉，釉色质朴厚重。圈足不施釉露白胎。

白瓷碗

唐五代

云阳县明月坝出土

云阳博物馆藏

高 5.5 厘米，口径 16 厘米，底径 7.4 厘米

葵花形，矮圈足，白胎，内施全釉，外釉及底。器形规整，素面无纹，釉面温润柔和，洁白如玉。河北邢窑产品。

白瓷碟

唐五代

云阳县明月坝出土

云阳博物馆藏

高 3 厘米，口径 15.2 厘米，底径 7.8 厘米

葵花形，浅腹，坦底，矮圈足。内外施釉，有少量流釉现象。造型清雅大方。河北邢窑产品。

青瓷双系罐

唐

云阳县明月坝出土
云阳博物馆藏
高 22.8 厘米，口径 15.2 厘米，
腹径 19.2 厘米，底径 11 厘米

直口，上腹及口沿施青黄釉，其下褐色腹部以流釉装饰，两侧带耳，造型大方。

莲花纹瓦当

唐

云阳县明月坝出土
云阳博物馆藏
直径 12.3 厘米，廓厚 2.2 厘米

中心圆凸外饰突棱，两道凸棱间的中层饰一周单瓣莲花纹，最外饰有一周连珠纹，边轮较宽。受佛教传入的影响，唐代瓦当纹样以莲花纹为常见。

莲花纹瓦当

唐

云阳县明月坝出土
云阳博物馆藏
直径 13.6 厘米，廓厚 1.6 厘米

莲花纹样，圆形凸台居中饰八莲子，外饰突棱，突棱与莲瓣相连，莲瓣轮廓分明，当面边缘饰连珠纹一周。边廓较窄，略高于当面纹饰。

莲花纹瓦当

唐

云阳县佘家嘴出土
云阳博物馆藏
直径 10.3 厘米，廓厚 1.6 厘米

当面饰一朵盛放莲花，花瓣、花蕊淋漓尽现，似浮于水间摇曳生香。该造型同佛教莲花座相似。

莲花纹瓦当

唐

云阳县明月坝出土
云阳博物馆藏
直径 12.3 厘米，廓厚 2.7 厘米，筒瓦部分长 32.6 厘米

圆形凸台居中，外饰一周凸棱，凸棱外侧有八莲子。八莲瓣肥硕圆润，瓣间“Y”形夹饰里外两端与一莲子相对应。当面边缘饰突棱一周及连珠纹一周。边廓较窄，制作较规整。

莲花纹柱础石

唐

云阳县明月坝出土
云阳博物馆藏
高 12.3 厘米，直径 30 厘米，
柱窝直径 7.8 厘米，深 6.3 厘米

砂岩石质，建筑构件，鼓形，中心凿圆形础窝，表面饰仰覆莲花纹各一周，造型优雅大方，极具唐代特色。

“永隆三年”墓砖

唐

征集

云阳博物馆藏

长 33.5 厘米，宽 7.5 厘米，厚 18.6 厘米

长方体，质地细腻，烧制温度较高。墓砖侧面模印“永隆三年”文字，笔画清晰，字体秀美。

石雕菩萨像

唐

云阳县明月坝出土
云阳博物馆藏
高 9 厘米，宽 10 厘米

砂岩质，仅存头部及部分头光，顶挽高发髻，前部头发中分，脸庞丰满，双目微闭，面部庄严肃穆，雕琢精致。

一佛二菩萨石刻造像

唐

云阳县明月坝出土
重庆三峡博物馆藏
通高 62 厘米，宽 41 厘米～47 厘米，
厚 17 厘米，底座高 8 厘米，底座宽 44 厘米

褐色砂岩。正面雕一佛二菩萨，佛像居中，二菩萨立于左右。主佛跏趺坐于束腰高须弥方座上，后有双层头光，左手扶膝，右手上举，似施无畏印，披双领下垂式袈裟，胸下系带，袈裟下垂半掩方座。须弥座上下边缘均饰莲瓣。二菩萨立于覆莲圆台上，台下各雕一狮承托。右侧菩萨帔帛绕膝，右手上举，左手握瓶于身侧。左侧菩萨帔帛绕膝，两道璎珞相交于腹前。

石雕二佛像

唐

云阳县明月坝出土

云阳博物馆藏

高 26.3 厘米，长 31 厘米，宽 11.5 厘米

砂岩质，仅剩两佛身，衣饰层次分明，垂坠感明显，体态优美，飘逸圣洁。

鎏金铜佛像

唐

云阳县明月坝出土

重庆三峡博物馆藏

通高 10.8 厘米，佛高 6 厘米，莲花座高 1 厘米，柱高 3.1 厘米，插鞘长 0.8 厘米

铜质鎏金。佛像站立于五瓣仰莲圆台上，莲台下有莲枝，枝上有一圆孔。莲台下蛇首绕柱，柱立于盛开的双莲花瓣中，下端为长方形榫， 榫上一圆孔。佛光头、大耳，双目微闭，穿交领衣，外披袈裟，脚蹬云头鞋。右手放于腹前，手心向左， 左手悬于腹前， 手心向内。

鸟形铜饰件

唐

云阳县明月坝出土
云阳博物馆藏
通高 3 厘米，通宽 4 厘米

青铜质。插销上饰有两只立鸟，下端为一横向管状铜附件，鸟造型生动，一只敛翅回首，一只昂首展翅，造型活泼，精巧别致。

四鹊衔绥铜镜

唐

征集
云阳博物馆藏
直径 11.7 厘米，厚 0.3 厘米

铜镜外缘呈葵花式，四只鹊鸟环镜钮展翅飞翔，口衔绥带，其外饰有祥云，似在云间，飘逸自由。“长绥”象征长寿，鹊鸟则喻有好事发生，这面铜镜的纹样是当时流行的吉祥图案。

宝相花铜镜

唐

征集
云阳博物馆藏
直径 14.3 厘米，厚 0.4 厘米

镜子本身以葵花为形，镜钮外饰一周菱花花纹，镜背以正面俯视的葵花、菱花两种花型相间排列，共六朵花。宝相花是唐代典型花纹，服饰、金银器等用处广泛。

黑釉瓷碗

宋

云阳县明月坝出土
云阳博物馆藏
高 4.3 厘米，口径 10.2 厘米，底径 3.7 厘米

敞口，弧腹，器身未施满釉，下腹及器底无釉，釉色漆黑如墨。

酱釉瓷碗

宋

云阳县明月坝出土

云阳博物馆藏

高 6.4 厘米，口径 11 厘米，底径 3.8 厘米

敞口圈足，酱色满釉，碗内可见浅褐色流釉现象，以此为纹样，颇具特色。

青瓷斗笠盏

宋

云阳县明月坝出土

云阳博物馆藏

高 5.3 厘米，口径 14 厘米，底径 3.6 厘米

广口，斜腹壁呈 45 度左右，小圈足，胎体轻巧，釉面润泽呈黄褐色。因倒置形似斗笠，故名。为饮茶用具，胎体较轻薄。龙泉窑产品。

青瓷斗笠碗

宋

云阳县明月坝出土

云阳博物馆藏

高 6.8 厘米，口径 14.8 厘米，底径 4.6 厘米

碗口不甚规整，釉面细腻润泽，素面无纹饰，小圈足，圈足较高且露胎，可见胎体质密，洁白。龙泉窑产品。

青白瓷斗笠碗

宋

征集

云阳博物馆藏

高 6 厘米，口径 13.5 厘米，底径 3.3 厘米

通体施青白色釉，略泛浅褐色，器形规整，似斗笠，小圈足，足底露胎。内壁刻划暗花纹及花鸟纹，线条纤细飘逸，器形优美，可看出拉坯技术已较为纯熟。龙泉窑产品。

青白釉斗笠瓷碗

宋

征集

云阳博物馆藏

高 5.5 厘米，口径 13.8 厘米，底径 3.3 厘米

敞口，尖唇，斜直腹，小圈足。胎体较薄，器身通体施青白釉，足底露胎未施釉。器物内壁暗刻花鸟纹，线条飘逸洒脱，清新淡雅。龙泉窑产品。

白釉斗笠碗

宋

云阳县明月坝出土

云阳博物馆藏

高 5.6 厘米，口径 10.7 厘米，底径 3 厘米

广口，小圈足。胎体轻巧，素面无纹饰，釉色洁白细腻，温润如玉。龙泉窑产品。

乳白釉瓷碟

宋

征集

云阳博物馆藏

高 4.5 厘米，口径 13.3 厘米，底径 5.2 厘米

敞口，腹部渐敛，近底处呈折角状，圈足较高。器身素面无纹饰，通体施乳白釉，釉质温润饱满似牛乳凝滞。

青白釉瓷碟

宋

征集

云阳博物馆藏

高 4 厘米，口径 16 厘米，底径 5 厘米

碟口外撇呈六瓣葵花状，腹部渐敛，近底处呈折角状，故称“折腰盘”。器身施青白釉，器底满刻暗花纹，繁复饱满。圈足露胎，无款识。整体造型规整，釉色匀净。龙泉窑产品。

白瓷碟

宋

云阳县明月坝出土

云阳博物馆藏

高 4.9 厘米，口径 13.5 厘米，底径 4.4 厘米

葵口状碗缘，小圈足，器身遍施白釉，碗内以暗花装饰，造型优美，简洁大方。龙泉窑产品。

青釉瓷瓶

宋

征集

云阳博物馆藏

高 25.5 厘米，口径 5.5 厘米，腹径 11.6 厘米，底径 8 厘米

小口，短颈，肩部刻一弦纹，腹部渐收，釉色及纹饰分为上下两部分，上腹部施浅褐色釉，饰卷草纹，下腹部施青釉，颜色较深，与上腹部形成鲜明对比，造型端庄秀丽。

青釉梅瓶

宋

征集

云阳博物馆藏

高 37 厘米，口径 5.6 厘米，腹径 18 厘米，底径 9.1 厘米

通体施青釉，釉面柔和，瓶身刻划六条弦纹，弦纹之间绘褐色卷草纹，线条粗犷洒脱，为宋代较为常见的梅瓶样式。

盘口瓷瓶

宋

征集

云阳博物馆藏

高 23 厘米，口径 7.7 厘米，底径 7.3 厘米

盘口，束颈，器身釉面不一，上部颜色较浅，以黄褐色线条描绘图案。下腹部为深褐色，有棕色色块，下腹可见浅划的弦纹。

青瓷瓜棱执壶

宋

征集

云阳博物馆藏

高 21 厘米，口径 7.6 厘米，腹径 8.8 厘米，底径 8 厘米，流长 9 厘米

敞口，长颈，圆形长流，扁条形执柄。溜肩，瓜棱腹，有圈足，釉色青白，润泽细腻，整体造型充满生活意趣。为宋代十分流行的酒具。

青瓷灯

宋

云阳县明月坝出土

云阳博物馆藏

高 9.3 厘米，口径 10.2 厘米，底径 7 厘米

豆形灯，敞口，卷沿，斜直腹，喇叭形底。

三彩陶俑

宋

征集

云阳博物馆藏

高 19.4 厘米

三彩俑是宋、金时期生产的低温彩色釉陶制品，仿唐三彩工艺。陶俑釉色以褐、绿、黄为主，头戴梁冠，身穿右衽宽袖曳地长袍，衣褶刻划明显，冠及袖口施绿釉，双臂抱于胸前，体型较为瘦削，神情安详平和。

花卉纹灰陶瓦当

宋

云阳县明月坝出土

云阳博物馆藏

直径 13.5 厘米，廓厚 1.4 厘米

边轮较窄，当面模印花卉纹。花叶相交，花瓣由月牙状细瓣组成，枝叶繁茂，生机蓬勃。

虎纹筒瓦

宋

云阳县明月坝出土

云阳博物馆藏

直径 12 厘米，廓厚 2 厘米，瓦身长 33 厘米

当面模印浅浮雕虎首，额正中为“王”字，横眉大目，眼眶深陷，鼻翼肥大。边缘饰连珠纹一周。边廓高低不平，宽窄不一。人面表情夸张，神态生动。

四叶纹灰陶滴水

宋

云阳县明月坝出土

云阳博物馆藏

长 14.6 厘米，廓厚 4.5 厘米

三角形，厚廓，边缘花边状，中间饰四叶纹。

卷草纹灰陶滴水

宋

云阳县明月坝出土

云阳博物馆藏

长 19 厘米，宽 8 厘米

弧形，外缘为花边状，中心饰有条带状延展卷草纹。

兽面灰陶砖

宋

云阳县明月坝出土

云阳博物馆藏

高 26 厘米，宽 24 厘米

兽面砖饰，瞠目咆哮，露齿吐舌，双眉上有五道刻痕，眉头紧贴鼻、眼，眉梢与耳尖相连。耳廓高耸。鼻上戳刺细孔。舌背与砖体相连，舌面正中刻短竖线，舌尖背面刻倒“个”字纹饰。下唇两侧、上颚下、口内均戳刺浅孔，口部下饰数道毛须，鬣毛狂放舒展。

莲花瓣铜碗

宋

征集

云阳博物馆藏

高 11.5 厘米，口径 13 厘米，底径 7.3 厘米

碗身为莲花瓣形，外壁素面无纹饰。器身被六条凹棱分隔为六花瓣，弧腹，喇叭形高圈足。

莲花瓣铜碗

宋

征集

云阳博物馆藏

碗高 7 厘米，碗口径 12.2 厘米，碗底径 5.6 厘米，
托盘底径 8.5 厘米，托盘口径 12.1 厘米，托盘高 2.5 厘米

由碗、托盘组成。六瓣葵口碗，内外素面，瓣与瓣之间有凸棱，腹部渐敛，喇叭形高圈足。花瓣曲口盘口沿上翘，八曲口，平底。

兽钮四系铜壶

宋

征集

云阳博物馆藏

高 41.7 厘米，口径 16.2 厘米，腹径 28 厘米，底径 18 厘米

直口，溜肩，鼓腹，小圈足，器物原应有器盖。器身上腹部装饰有四处立体龙形钮，龙身蜷曲呈环状，龙首高昂，兽面刻画精细，双目有神，双耳上扬，活泼灵动。环形钮之间分别装饰有四圆形旋涡纹，形状规整，相互对称。

湖州铜镜

宋

征集

云阳博物馆藏

直径 13.3 厘米，厚 0.3 厘米

八瓣葵花形，小钮，钮右侧长方框内二行铭文：“湖州石家青铜照子”，素缘，镜背锈蚀较为严重。湖州镜是宋代广为流行的铜镜种类，铭文颇具特色，一般为素面，背面多铸印作坊牌号。

人物故事纹铜镜

宋

征集

云阳博物馆藏

直径 16.7 厘米，厚 0.6 厘米

圆形，圆钮。镜背描绘柳毅传书题材的故事，分为上下两部分，钮及其以上为陆地，钮下为河水。陆地上，沿着镜缘左侧铸饰一株枝叶繁茂的大树，树下有一男一女，女子衣带飘拂，男子面向女子，身稍前倾，双手拱起，男女互作倾诉态。右侧一人牵马，马头向钮。树下草地上有几只羊。下部分河水波涛翻滚，两条鱼嬉游其间。镜背有一方框，中有铭文“河中府马家白铜镜”。

云阳文物精粹

第四部分

明清和泰云阳

Part four: Ming and Qing Dynasties

云阳历史上出现过几次大规模的移民浪潮，其中最为今人所熟知的当属明清时期的“湖广填四川”。早在明初的洪武年间开始，就已经不断有移民涌入川渝两地，地处三峡地区的云阳因为具有连接江淮与三峡腹地的地理优势，自然成为主要的移民迁入地或过境地之一。到明朝中后期，因社会动荡，战乱频繁，导致人口再次锐减。清初，因各省贫民举家入巴蜀垦荒，云阳地区的人口数量才得以恢复并逐渐增加。云阳县现存并复建于三峡文物园的陕西箭楼就是陕西移民文化的见证。箭楼始建于清嘉庆年间，原位于云安镇，为客居云阳的陕西帮会建造，楼体呈长方形，五层通高，顶层的钟亭悬有一钟，曾做报时之用。除此之外，来自不同地域的移民还建有以维护同乡人利益、帮助谋求职业等为宗旨的同乡会馆。大量人口注入为当地农业、手工业、盐业等行业发展带来充足劳动力和生产力，也为其商品经济的复苏提供了基础条件。据明正德《夔州府志》记载，当时云阳地区物产丰富，除传统发达的井盐开采外，还有生铁、丝绸、葛布、生漆等行业，有的产品甚至随水陆交通远销全国各地。云阳晒经遗址曾出土有瓷器、陶器、铜器、银器、铁器等不同质地、类别、功用的器物，由此可窥见明清时期云阳地区商品经济的繁盛程度。

云阳自汉代以来就有凿井采盐的历史，开采时间已逾千年，除因战乱动荡被迫停止开采外，采盐业一直延续至明清时期，是当地经济发展的支柱性产业。清朝初年，朝廷开始允许私人凿井，至乾隆三十六年（公元1771年），仅云阳全县已有盐井135口，盐产量达 6500 吨，与富顺、犍为、乐山等齐名，成为当时全省有名的盐场。盐业的发展催生了各种相关产业的兴起，至清晚期，当地还出现了规模较大的复兴铁厂和咸池铁厂，其生产的生铁可供附近盐场浇铸鳌锅。盐业与移民相伴共生，极大地促进了当地人口流动，加深了云阳与外界的沟通联系，推动了地区商品经济和货物贸易的发展。

明清大量移民迁入所带来的各地风俗文化与云阳本土文化的相互融合演变，极大地丰富了明清时期云阳的文化。本土与外来思想观念、审美意识的碰撞，催生出独具特色的明清云阳民居建筑，并与地处平原的川西民居形成鲜明对比。经过岁月更迭变迁，云阳民居风格在明清时期已逐渐趋于稳定，已具备明显的地域特征和移民文化特色。尽管多数历史建筑已经消失在时代发展的洪流之中，然而通过云阳地区出土的一些精美建筑构件，仍然可以看出云阳民居建筑的古朴精巧。建筑构件作为历史的碎片，凝结着劳动人民的智慧结晶，并将独特的建筑审美意识传递给后人。这个时期的云阳传统民居是该地区风格的集大成者，不论是建筑类型还是结构都丰富多样。移民的迁入除了增加大量的住宅需求外，还带来不同的建筑设计风格，使云阳民居风貌更具备南方特征，尤其是穿斗建筑成为民间建筑的主体结构，并一直延续至今。包括云阳在内的整个巴地民居在这一时期无论是建筑细部处理、建筑营造还是建筑布局都已经十分成熟。云阳民居建筑同样因地制宜，就地取材、随势而筑，移民与本地居民在此处聚居、融合、发展，为巴蜀地区建筑发展史增添重要的一环。

人口迁入所带来的影响不仅体现在住宅起居上，也映射在日常生活用品之中。云阳龙安遗址主要为清代遗存，遗物中多见青花瓷器。根据其外貌特征大致可分为两类，一类瓷器胎质细腻洁白，釉面润泽，青花淡雅，工艺精湛，可能主要源自江西景德镇；另一类胎质相对粗糙，釉面稍浊，青花钴料发灰蓝且有晕散现象的青花瓷器，应是云阳本地生产。同时期的云阳晒经遗址中还出土了青花、青釉、黄釉、黑釉彩绘等瓷器，可见当时云阳地区使用的瓷器来源丰富，种类繁多。但无论是外地销入还是本地生产，这些瓷器都为当地百姓的日常生活增添了绚丽的色彩。云阳发现的明清遗物中还多见各式陶器，在乔家院子遗址中亦发现有几处明清窑址，窑址周围出土了大量的陶器碎片，显然该窑址曾经在当地具有相当的生产规模，也反映出百姓对此的需求。制陶作坊的发展显然与移民迁入导致人口增多有一定的关联，人们对日常生活用品的需求不断扩大，极大地推动了云阳制陶行业的繁荣。

社会经济的蓬勃发展为不同宗教、信仰的落地传播提供土壤。云阳早在唐宋时期便已开凿摩崖造像，到了明清时期，宗教和移民信仰在此交织衍生，仅两朝全县就修建佛寺48座，如滴翠寺、清净寺、花果寺等。而来自不同地区的移民各有信奉的神灵，至云阳后皆为其崇敬的“神佛”建宫立庙以求庇佑，可知的有桓侯宫、万寿宫、禹王宫、三义庙、东岳庙等数十座，当地人习惯称之为九宫十八庙。除此之外，还可见道教、回教等不同宗教庙宇建筑，各教派在此扎根共生，传道衍息，包容共和。祠庙馆所林立折射出的是一种生产经济高度发展、百姓安居乐业的社会状态。不同地区的移民拥有不同的信仰，供奉对象也是贯穿古今，涵盖三界，上至漫天神佛，下至英雄好汉，体现出不同地区移民的思想性格和美好愿景。众神齐聚云阳，各有庇佑，倒也不失为一件趣事。

除了物质文化的兴盛和宗教、思想的共生融合，云阳也极其重视文化及教育事业的普及。早在明初，夔州府就有官方开办的府学、县学等。以云阳县学为例，早在元至大初便已建立，后经损毁，洪武四年（公元1371年）又再次重建，有文庙、二斋、馔堂、教谕宅、神厨、射圃、仪门等，设施规范且完备。除官方开办的教育场所外，还有书院、义学、社学、私塾、家馆等民间教育组织，对宣传儒家思想、教化百姓发挥了极大作用。这些“传道授业解惑”的场所多数已经湮灭在历史的长河和城市发展变迁之中，而始建于明代的文昌宫仍然屹立，承载着学子对功名利禄的期许。当地文化教育事业兴盛同样反映在科举取士的结果上，明清两朝共有贡生294人，举人69 人，另有多位云阳籍人士在外任职。清末，刘贞安、涂凤书、郭文珍等写文著书，编纂县志，为记录云阳县历史沿革做出极大贡献，也为物华天宝、人杰地灵的云阳增添更加厚重的人文色彩。

云阳凭借其悠远厚重的历史文化底蕴和兼容并蓄的开放姿态，吸引了大量文化习俗相异的移民定居于此。它是西南地区历史拼图中不可或缺的一块，是社会变迁的见证，更是移民文化的缩影，它以极强的生命力书写出恢宏的时代篇章。正如正德《夔州府志》卷1《风俗》篇中对云阳县的评述：“乡举里选，得人居多，民风淳朴，不尚浮华。”勤劳智慧的云阳人民走过辉煌，也经历动荡，却始终以淡然而坚忍的心态一次次涅槃重生，在历史长河中留下一幅独属于云阳且浓墨重彩的大好河山盛景图，留白题书，一纸千年。

酱釉灰陶谷仓罐

明

征集

云阳博物馆藏

高 32.3 厘米，口径 9.8 厘米，底径 12.4 厘米

由器盖和器身两部分组成，器盖装饰一小茅屋。谷仓罐是三国时期出现的一种瓷器，又名魂瓶魂亭、堆塑罐等，多为明器。

堆塑青瓷谷仓罐

明

征集

云阳博物馆藏

高 25.5 厘米，口径 8.2 厘米，底径 8.3 厘米

由器盖和器身两部分组成，器身肩部贴塑条形装饰物，连接处可看出手指按压痕迹。胎质较粗糙，有明显的孔隙。

花卉纹瓷碗

明

云阳县明月坝出土
云阳博物馆藏
高 4.5 厘米，口径 11.8 厘米，底径 6.1 厘米

敞口，圈足，满釉，上腹部一周饰绘制的花卉纹。腹部以下至圈足不施釉。

青花瓷碗

明

征集
云阳博物馆藏
高 6.8 厘米，口径 15 厘米，底径 5.8 厘米

敞口，宽沿，矮圈足，圈足上有两道弦纹。胎质细腻，青花发色较灰淡，为国产青花料。器身饰仙鹤图案、云纹和水波纹，仙鹤在云水间展翅飞翔，画面灵动而富有生机。碗内底部同样绘有一只振翅的仙鹤，内外交相呼应，方寸之间展现云水之壮阔。

五子登科铜镜

明

征集
云阳博物馆藏
直径 21.5 厘米，厚 1.4 厘米

圆形，圆钮，钮外有对称的四个凸起方框，框内楷书“五子登科”四字，其外饰弦纹一周。

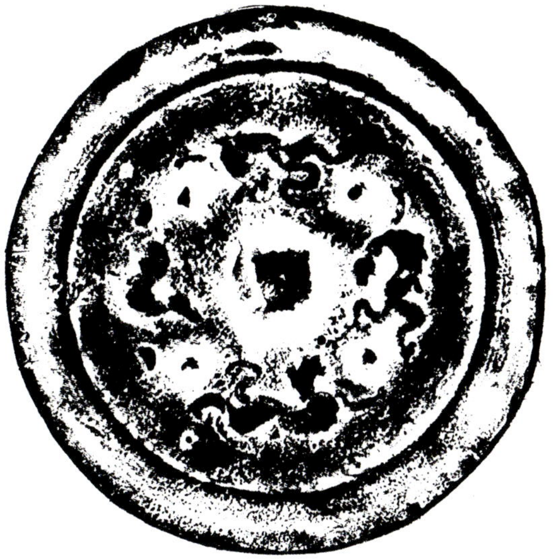

四乳四兽铜镜

明

征集

云阳博物馆藏

直径 9 厘米，厚 0.3 厘米

圆形，圆钮，镜背有一圈弦纹，主纹为四乳间浮雕禽兽纹，禽兽为一龙三虎，均作奔驰或行走状。

“薛怀泉造”铭铜镜

明

征集

云阳博物馆藏

直径 7.6 厘米，厚 0.8 厘米

圆形，素面。镜背中央钮外凸，钮上铸印“薛怀泉造”四字铭文。薛怀泉为明代中晚期制镜名家。薛氏自宋以来一直为湖州铸镜世家，明清两代尤为发达。

蟠龙铜瓶

清

征集

云阳博物馆藏

高 22.3 厘米，口径 2 厘米，底径 5.9 厘米

仿瓷器造型，瓶口呈蒜头状，圈足较高，足墙外撇。颈部装饰一蟠龙蜿蜒而上，器物灵动充满意趣。

粉彩龙人瓷坛

清

征集

云阳博物馆藏

高 21.5 厘米，口径 8.5 厘米，底径 14 厘米

同治年间烧制。宽肩，鼓腹，平底，器盖装饰一桃形纽。器身绘有众多活泼可爱的童子形象，或舞龙，或附耳交谈，或燃点鞭炮，或演奏乐器等，其间一派其乐融融，热闹欢腾之景。内容丰富，色泽艳丽，代表了清同治时期的典型粉彩风格。

粉彩人物六边形口瓷瓶

清

征集

云阳博物馆藏

高 61 厘米，口径 21.2 厘米，

腹径 26.3 厘米，底径 17.5 厘米

同治年间烧制。六边形瓶口对应六条凸棱将瓶身分为六个场景，画中数名孩童嬉戏玩乐，一派天真烂漫。以双狮戏球的立体贴塑为耳，童趣十足。足外撇饰花卉纹，又添清新雅致之感。

珊瑚釉描金瓷方瓶

清

征集

云阳博物馆藏

高 41 厘米，口径 13.2 厘米，底径 10.8 厘米

珊瑚釉作底，釉面描金，器口及器底成四角方形，肩部饰一对铺首衔环，底部款识“同治年制”。器身两面分别描绘松鹤及花鸟图案，另两面刻有与画面相对应的诗歌，色泽艳丽喜庆，造型端庄华贵。珊瑚釉是一种低温铁红釉，烧成后釉色均匀、光润，可与天然珊瑚媲美，故名。

红釉瓷瓶

清

征集

云阳博物馆藏

高 57.5 厘米，口径 22 厘米，底径 20.5 厘米

瓶口外撇，长颈，腹部微鼓。窑变红釉是清代仿宋钧窑的新品种，制作时将色釉刷在器物上，在高温下自然流淌，釉面润泽，具有较强的玻璃质感。

哥釉青花瓷瓶

清

征集

云阳博物馆藏

高 26 厘米，口径 8 厘米，底径 7.7 厘米

瓶口外撇，颈部塑贴一树白梅，树枝凸起处作双耳。肩部、下腹部均有一模印仿古铜器装饰带，其上涂抹酱褐色化妆土，以模仿铁箍效果。其他部分及圈足内均施青灰色仿哥釉，釉面开细碎片纹。腹部绘制青花花鸟图案，颈部下方及圈足也以青花料涂抹装饰，外底有款识“成化年制”。器物釉料丰富，层次分明，纹饰灵动充满生机。

“张王大帝殿前”青花瓷缸

清

征集

云阳博物馆藏

高 29.4 厘米，口径 29 厘米，底径 23 厘米

圆体，直身，口底相若。器身为相对的两条腾云四爪龙，龙嘴大张，双目有神，双龙朝向书有“张王大帝殿前”。

“辅德大王座前”青花瓷缸

清

征集

云阳博物馆藏

高 36.7 厘米，口径 39 厘米，底径 34 厘米

圆体，直身，口底相若。器身装饰头尾相对的两条腾云四爪龙，下部饰水波纹，波涛翻滚，气势磅礴。中部荷叶与荷花之间书“辅德大王座前”。

人物花卉青花瓷鼓凳

清

征集

云阳博物馆藏

高 46.8 厘米，腹径 32 厘米

敞口，短颈，颈部饰花卉纹，肩部以如意云头和花卉组合成装饰带，器身绘制三国人物故事“诸葛亮七擒孟获”。整体造型婀娜秀美，青蓊色泽浓淡相宜。

蓝釉白花花卉瓷鼓凳

清

征集

云阳博物馆藏

高 46.5 厘米，腹径 33 厘米

又名坐墩、绣墩、凉墩。整体呈鼓形，鼓凳两端平面中央及器身中部饰镂空铜钱纹，上下部分饰两圈乳钉纹，鼓身以蓝地为主，遍布白色花卉纹，风格清雅。

粉彩福星瓷像

清

征集

云阳博物馆藏

高 61.5 厘米，宽 22 厘米

“福、禄、寿”三星之一。白面黑髯，头戴巾帻，身着绿地粉彩曳地长袍，袍上满饰花卉，以及团鹤纹、花篮纹等。福星怀抱一婴孩，着枣红地花卉纹服饰，言笑晏晏。

粉彩禄星瓷像

清

征集

云阳博物馆藏

高 60 厘米，宽 19.5 厘米

“福、禄、寿”三星之一。禄星头戴冠，面颊红润饱满，长髯及腰，嘴角带笑，左手持一如意。身着枣红色官袍，身后及双臂衣袖上分别有腾跃的一尾青龙，衣袍纹饰丰富。

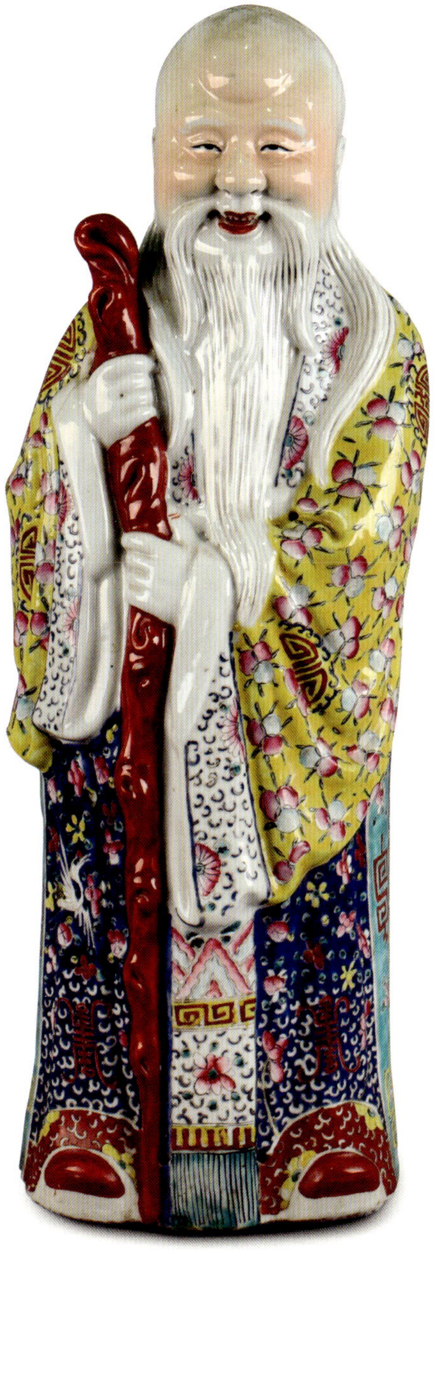

粉彩寿星瓷像

清

征集

云阳博物馆藏

高 59 厘米，宽 22 厘米

“福、禄、寿”三星之一。寿星白面白须，双手握一桃杖，笑容和蔼。上衣为黄色地，满布寿桃纹，后背及左右宽袖上均饰一团寿纹；下裳为蓝色地，上饰寿桃、花卉及仙鹤图案。通体纹饰皆为中国古代长寿的象征。

彩漆木雕寿星

清

征集

云阳博物馆藏

高 27.6 厘米，宽 13.7 厘米

以木为胎，外髹彩漆，宽袍大袖下露出朱红鞋履。寿星左手捧桃，右手执杖，左侧腰间悬挂两颗鲜红寿桃，长须长髯，眉目和善。

光绪黄杨木雕寿星

清

征集

云阳博物馆藏

高 36.8 厘米，宽 14.8 厘米

黄杨木雕刻出寿星形象，左手捧桃，右手执竹节杖，杖端悬挂一葫芦，衣物褶皱及佩饰分毫毕现，下踩基座，姿态轻盈。

牙签筒

清

征集

云阳博物馆藏

高 5.5 厘米，直径 3.7 厘米

象牙质，镂雕而成，器身由人物、亭台楼阁、假山松柏构成。器盖有飞鸟及两只瑞兽，其中一只瑞兽口含灵芝回首而望。器小而图阔，以小物描绘了丰富的画卷，构思精巧，工艺高超。

澄泥砚

清

征集

云阳博物馆藏

高 3 厘米，长 18.4 厘米，宽 12 厘米

呈长方形，侧面篆书“道光甲午”四字，底部刻二十四字“砚铭”，落款“晓溪”。

后记

始于20世纪90年代的三峡大坝工程淹没及迁建区的大规模考古发掘，汇集了全国60多家考古机构和高校的考古力量。这项在世界范围内也是空前绝后的“考古大会战”，既是三峡库区文物考古事业大发展的发动机，也为“后三峡”时期的文博事业和文化遗产保护与利用奠定了坚实的基础。进入“后三峡”时代后，三峡库区文博考古事业的重心开始从考古发掘的主战场转向以考古资料的整理、报告编写、文物保护与科技分析、博物馆建设与文物展览陈列为主的文化遗产保护与综合利用方面。

“后三峡”的文物工作相比于“前三峡”的考古大会战，虽然不再有田野曝晒、风餐露宿的艰辛与劳累，但在中国社会大发展和文化需求日益高涨的大背景下，我们文博考古工作者面临着远比田野发掘阶段更加沉重的事业发展压力。特别是对我们基础文博工作者而言，因地制宜地探索符合本地域文化遗产保护与利用的切实有效的路子，既是我们必须担当的职责，也是我们从“前三峡”一路走过来的这一代人的使命。在新的形势下，必须拓展思路求发展。近年来，我县充分利用“前三峡”期间业已建立的与国内一流高校和科研机构的合作基础，采取多形式、多渠道的合作模式，实现了双赢、多赢的局面，有效地提高我县文化遗产保护与利用的水平。

我县多年来与重庆中国三峡博物馆、中国文化研究所、中国文物信息中心、重庆文化遗产研究院、四川大学、武汉大学等单位的合作，不仅使我县地下出土文物、古建筑得到了科学的保护与利用，也拓展了博物馆展陈的内涵，也为“文旅融合”“文旅强县”提供了重要的支撑。《朐忍风华——云阳文物精粹》的出版，既是我们对“前三峡”考古成果的总结，也是深入挖掘我县文化遗产内涵，推广宣传我县文化遗产资源的尝试。

在该书即将编印出版之际，感谢四川大学历史文化学院考古系何枫杨、施璐、卢林明、邱添、董小菡、付杰等同学参与本书的编撰工作，同时，也感谢重庆中国三峡博物馆陈刚、申林、张志老师提供了部分文物照片。

最后，谨以此短文，献给曾经战斗在云阳大地的考古同人，正是因为有他们的艰苦奉献，这些珍贵的文物才得以重见天日，云阳悠久灿烂的历史才得以呈现给世人。

2020年5月1日